Felix Brunner

Aufwachen!

Der Horizont ist nicht das Ende

Impressum

2. Auflage 10/2017
Umschlaggestaltung, Illustration: creationell® – die Werbeagentur
Umschlagfoto: Simon Toplak
Lektorat, Korrektorat: Tanja Ohnesorg
Layout: Curd Jäckle
Druck und Bindung: WIRmachenDRUCK GmbH

ISBN: 978-3-9818-9800-2

Verlag: 5 Sterne Verlag

5 Sterne Verlag
Inhaber: Heinrich Kürzeder
Untere Hauptstraße 5
D-89407 Dillingen/Donau

Fon +49 (0)9071 77035-0
Fax +49 (0)9071 77035-29

E-Mail: info@5-sterne-verlag.de

Internet: www.5-sterne-verlag.de

Vorwort

Mut machen, auch nach einem Unfall! Natürlich ist die Top-Operation die Grundlage, aber dann müssen die Selbstheilungskräfte wirken. Deshalb motiviert der Arzt nach dem Unfall: Das wird, Du musst wollen, es braucht Geduld und Durchhaltevermögen. Auf die Frage: „Wie wird es werden?“ lautet die vielsagende Antwort: „Best case … / Worst case …“

„Restitutio ad integrum“: Wiederherstellung bis zur Unversehrtheit (so wie es vorher war), das heißt, nichts bleibt zurück. Na gut, das ist selten, eine kleine Narbe bleibt, oder der Ellenbogen kann nicht mehr ganz durchgestreckt werden. Das bedeutet: Ein wenig ist der Lack ab – oder – ein bisschen Strafe muss sein – „Best case“ eben.

„Worst case“ bedeutet in Steigerungen: Die Sportlerkarriere ist zu Ende, der Beruf kann nicht mehr ausgeübt werden, man ist auf den Rollstuhl angewiesen oder man nimmt die Umwelt nicht mehr wahr. Fragt man von den Schwerstverletzten die zehn Prozent der am allerschwersten Verletzten (natürlich sind das nur wenige, die überhaupt überlebt haben) was sie am meisten behindert, lautet die Antwort meist: „Die Schmerzen“.

In jedem Unglück liegt eine Chance: Demut vor dem Schicksal, Besinnung auf die wahren Werte, Neuausrichtung für sich selbst. Es braucht Zeit, das Geschehene zu begreifen und den Verlust an Funktion und Lebensqualität zu verarbeiten – Trauerarbeit eben. Aber man ist gezwungen, intensiv über Geschehenes nachzudenken und man lernt vorher fremde Menschen kennen, die helfen wollen und können – neue Ziele und neue Freundschaften.

Felix Brunner hat all das im Extrem erfahren (nach unserer Statistik: 13 Monate Intensivstation und 60 Operationen) und im Detail aufgeschrieben. Er hat das Unglück aufgearbeitet. Er hat Menschen gefunden, die ihm geholfen haben und die er im Gegenzug mit seinem Lebensmut bereichert. Für Ärzte gibt es keinen größeren Erfolg als ein Patientenschicksal, das in das volle Leben zurückkehrt.

Dieses Buch macht Mut.

Prof. Dr. med. Volker Bühren
Ärztlicher Direktor
Berufsgenossenschaftliche Unfallklinik Murnau

Widmung

Dieses Buch möchte ich auch den vielen Blutspendern widmen, die mein Leben retteten, ohne mich zu kennen. Ohne sie würden schwer Verunglückte, wie ich es war, chronisch Erkrankte oder Krebspatienten keine Überlebenschance haben. Allen engagierten Blutspendern gilt daher mein herzlicher Dank. Jeder Blutspender ist ein Lebensretter und kann für ein Happy End nach tragischen Schicksalsschlägen sorgen.

Bildnachweise

S. 12, S. 13, S. 37:	privat
S. 18:	Sebastian Jordan
S. 53:	Simon Toplak; privat
S. 83, S. 84, S. 95:	Simon Toplak
S. 117:	Daniel Kramer; Simon Toplak
S. 128, S. 129:	Simon Toplak

Inhalt

Kapitel eins

Zufälle gibt es nicht

Am Nachmittag eines grauen Tages im Januar ging der Notruf ein. Gregor, Stefan und ich waren gerade bei der letzten Skiabfahrt ins Tal, als Gregors Handy klingelte. Es war die Einsatzleitung der Füssener Bergwacht. Am Tegelberg bei Schwangau im Allgäu, nahe der Grenze zu Österreich, war ein dramatisches Unglück geschehen: Vier Jugendliche im Alter von ungefähr 14 Jahren sollten von einer Lawine erfasst worden sein. Obwohl Gregor und ich selbst erst 16 Jahre alt waren – nur Stefan war schon 18 – waren wir voll ausgebildete Bergretter. Ohne zu zögern liefen wir zu Stefans Wagen und fuhren zur Einsatzleitung ins Tal, die sich am Hubschrauberlandeplatz des Füssener Krankenhauses befindet.

Ich hatte schon einige Einsätze mitgemacht, trotzdem schossen mir tausend Gedanken durch den Kopf. Auch wir waren in ihrem Alter in diesem Lawinengebiet waghalsig Ski gefahren, ohne uns Gedanken zu machen. Der Spaß stand im Vordergrund.

Als das Unglück geschah, war das Wetter schon seit Tagen nicht optimal. Es hatte immer wieder geschneit und die Luft war feucht. Es herrschte Lawinenwarnstufe vier. Doch ein solches Wetter hatte uns als Halbwüchsige genauso wenig interessiert wie die nun Verunglückten. Wenn wir Lust hatten Ski zu fahren, dann taten wir das auch. Schließlich sind wir hier im Ostallgäu, direkt am Alpenrand, aufgewachsen.

Als Stefan, Gregor und ich losfuhren, wussten wir nicht, was uns erwartete. Dass es sich jedoch um ein großes Unglück handelte, wurde uns durch die Nachalarmierung bewusst gemacht. Der Rettungseinsatz lief schon und wir sollten das Rettungsteam unterstützen.

Bei der Einsatzleitung angekommen, bekamen wir letzte Informationen. Wir kannten die vier verschütteten Jugendlichen. Sie waren Schüler einer Parallelschule von mir. Der Hubschrauber stand bereit, wir stiegen ein und hoben ab Richtung Rettungsgebiet. Es war bereits später Nachmittag und die Dunkelheit kündigte sich langsam an. Der Rettungsort befand sich am Fuße eines steilen Hanges, an dem die Lawine abgegangen war. Beim Anflug sahen wir das Ausmaß der Bergungsaktion. Drei Hubschrauber waren vor Ort, ebenso wie Bergretter, Polizei und eine Abordnung der Bundeswehr. Mit Sonden und Rettungshunden wurde im Schnee nach den Verunglückten gesucht. Drei von ihnen waren bereits lebendig geborgen worden, doch der Vierte wurde erst nach eineinhalb Stunden unter den Schneemassen gefunden. Meine Freunde und ich gruben ihn aus. Es war Tim*. Ein Junge, den wir kannten.

Der Notarzt, der mit uns im Rettungshubschrauber gekommen war, versuchte den völlig unterkühlten Tim über eine Stunde lang zu reanimieren. Schließlich entschloss man sich, Tim per Hubschrauber nach Innsbruck ins Krankenhaus zu fliegen. Mittels einer Herz-Lungen-Maschine wollte man das Blut langsam wieder „auftauen", um den Kreislauf funktionsfähig zu machen. Zwar gelang es den Ärzten nach eineinhalb Stunden, den Kreislauf zu reanimieren, aber sie waren trotzdem gezwungen, die Maschinen abzustellen. Tim war hirntot, er war zu lange ohne Sauerstoff geblieben.

Wir erhielten die Todesnachricht, als wir wieder an der Basis waren. Ein Kriseninterventionsteam kümmerte sich um uns Bergwachtmänner. Die Stimmung war gedrückt.

So etwas lässt man nicht einfach hinter sich. Auch wenn später noch mehrfach Tote eine Rolle in meinem Leben spielen sollten, so war das ein

* Name geändert

Schlüsselerlebnis: Tim war mein erster Toter als Bergwachtmann. Ich kannte ihn und er hatte den gleichen Blödsinn gemacht wie Gregor, Stefan und ich in seinem Alter. Ich erkannte mich zu einem gewissen Teil in Tim wieder. Noch lange saßen wir in unserer Bergwachtzentrale zusammen und redeten – nicht ahnend, dass sich auch mein Schicksal drei Jahre später dramatisch ändern und einige der Beteiligten von heute dann wieder eine Rolle spielen sollten.

Die Liebe zu den Bergen ist nicht nur durch meinen Wohnort, Hopferau im Allgäu, begründet. Meine Familie trug einen wesentlichen Teil dazu bei.

Mein Großvater, Peter Hofmann, prägte mich sehr stark. Vieles von ihm findet sich schon in meiner Mutter wieder. Mein Großvater und meine Mutter sind wohl die zwei wichtigsten Bezugspersonen in meinem Leben. Obwohl mein Großvater ein Kind der Nachkriegsjahre war, seine Werte anders oder aus der heutigen Sicht gar nicht definiert wurden, fand er einen ganz eigenen menschlichen Weg. Er schaffte es, seinen Kindern die Bedeutung eines Familienzusammenhaltes basierend auf Zuneigung und Liebe zu vermitteln und weiterzugeben. Opa Peter war auch begeisterter Bergsteiger. Er erzählte mir oft Geschichten darüber, wie das Bergsteigen zu seiner Zeit ausgesehen hat, mit einfachster Ausrüstung wie Hanfseilen, schweren Lederstiefeln oder schmiedeeisernen Haken. Um am Sonntag im Tannheimer Gebirge (Tirol) klettern zu können, fuhr er mit seinen Freunden am Samstagnachmittag um vier Uhr, nach getaner Arbeit, 30 Kilometer mit dem Fahrrad zum Ausgangspunkt der geplanten Bergtour. Von dort liefen sie zu Fuß auf eine Alm, wo in einem Schober auf Heu übernachtet wurde. Am nächsten Tag ging es in den Fels, dann wieder zurück, um spätestens gegen zehn Uhr abends wieder zuhause zu sein.

Mit Opa Peter fing die Bergsteigergeschichte meiner Familie an. Meine Mutter war natürlich auch in den Bergen unterwegs, wo sie meinen Vater kennenlernte. Die Leidenschaft übertrug sich auf mich. Das „Gemeinsam in der Natur" hat in meiner Familie einen ganz großen Stellenwert. Von klein auf bin ich zum Bergwandern, zum Skifahren und zum Radfahren mitgenommen worden. Übernachtet wurde immer irgendwo in den Bergen, wenn die Touren länger waren. Einer unserer Lieblingsziele in den Alpen war der Gardasee in Italien. Hier machten wir viele Touren mit den Mountainbikes oder gingen Klettern. Ich kann mich gut daran erinnern, dass ich manches Mal meine Eltern verflucht habe, wenn es wieder hieß, in die Höhen aufzusteigen. Dennoch bin ich ihnen und meinem Opa sehr dankbar, dass ich so aufgewachsen bin. Meine Schwester und ich hatten eine wirklich glückliche Kindheit.

Der 4-jährige Felix beim Skifahren

Felix als 5-Jähriger in einem Klettergarten im Allgäu

Felix mit seinem Opa Peter bei einer Tour in den Tannheimer Bergen

Mit Schwester Evi und Mama Sabine im Tannheimer Tal

Dadurch, dass ich oft draußen in der Natur war, entwickelte ich schon früh ein sportliches Körpergefühl. Mit drei Jahren fing ich an Ski zu fahren. Dann kam das Radfahren hinzu. Mit sechs probierte ich mich im Fußball. Schnell merkte ich, dass Fußball nicht meine Sportart ist. So lag der Eintritt in den Skiclub mit der ersten Klasse auf der Hand. Durch den Bergsport im Allgemeinen lernte ich früh, was es bedeutet, einen Gipfel, ein Ziel, zu erreichen. Es ist unglaublich beeindruckend, wenn man dort oben am Gipfelkreuz steht und man es trotz oder wegen aller Mühen geschafft hat. Das prägt fürs Leben. In diesen Tagen lernte ich: Wenn man zu einer Hütte, einem Gipfel oder einem bestimmten Kletterabschnitt durchsteigen will, dann muss man dafür etwas tun, auch wenn der Weg zum Ziel anstrengend sein kann. Es ist etwas ganz anderes als ein Ausflug in einen Freizeitpark. Ich hatte und habe bis heute auch keine Playstation oder einen Gameboy. Das interessiert mich nicht. Für mich sind andere Erfahrungen einfach wichtiger und erfüllender. Schon früh entwickelte ich meinen eigenen Kopf, und das machte es meinen Eltern bestimmt nicht immer leicht. Ich habe einen tiefen Drang nach Erfahrungen – mit allen Konsequenzen.

Die Grundschule durchlief ich ohne Probleme. Ich war einer der besten Schüler, daher stand der Weg zum Gymnasium für mich offen. Ich kam auf das Hohenschwangauer Gymnasium, wo besonders der Wintersport gefördert wurde. Bis zur siebten Klasse verlief alles gut. Dann, mit Beginn der Pubertät, änderte sich meine Einstellung. Die Noten in der Schule wurden schlechter. Selbst der Skisport litt darunter. Ich stellte das Rennskifahren ein und verließ den Skiclub. Lieber gammelte ich irgendwo herum, versteckte mich mit meinen Freunden in der Kiesgrube zum Rauchen und wusste eigentlich nichts mit mir anzufangen. Die achte Klasse schaffte ich gerade eben und in der neunten war Schluss – durchgefallen und wiederholen.

Es war meine Mutter, die mir den sprichwörtlichen Tritt in den Hintern gegeben hat. Sie kam zu mir und sagte: „Felix, du musst etwas tun. Ein guter

Freund von uns ist in der Bergwacht. Er hat erzählt, dass dort viele junge Leute in deinem Alter sind. Geh dorthin, vielleicht gefällt es dir.“ Sie hatte recht. Der Eintritt in die Bergwacht kam zur rechten Zeit. Der Verein gefiel mir ebenso wie das Klettern und das Skifahren. Ich lernte neue Freunde kennen und mein Interesse an vielen Dingen erwachte abermals. Die Berge wurden mein „Spielplatz“. Als mittlerweile 15-Jährigen akzeptierte man mich sofort und so wuchs rasch der Wunsch, die Ausbildung zum Bergwachtmann zu beginnen. Sie ist sehr umfangreich und umfasst einen Ski- und Klettertest, Lawinenkunde, sowohl Sommer- als auch Wintervorbereitung und Rettungs-, Sanitäts- und Naturschutzlehrgänge. Das alles nahm viel Zeit in Anspruch. Ich nahm sie mir. Sogar vom Unterricht ließ ich mich befreien, was aber in diesem Fall von der Schule unterstützt wurde. Nach knapp einem Jahr war ich ausgebildeter Bergwachtmann der Bergrettung Bayern in der Bereitschaft Füssen/Allgäu, was normalerweise in meinem Alter nicht üblich ist.

Doch auch nach dieser Ausbildung beschäftigte mich derselbe Gedanke wie schon zwei Jahre zuvor: Was soll ich beruflich machen? Eigentlich hatte ich auf nichts Bock. In der Bergwacht waren vorwiegend Haupt- und Realschüler. Die machten fast alle eine Lehre in der Metallbranche, die in meiner Region stark vertreten ist. Zuerst hatte ich gedacht, das wäre ebenfalls mein Weg. Aber ich bin handwerklich eine große Niete. Was sollte ich tun? In der Bergwachtausbildung war eine medizinische Lehreinheit. Die hatte mich sehr interessiert und ich hatte Spaß daran. Ich erfuhr, wie der Körper funktioniert, wie Verletzungen sich ereignen und was im Körper bei Verletzungen geschieht. Doch ein Medizinstudium war aufgrund der schulischen Leistungen in unerreichbare Ferne gerückt.

Ich entschloss mich, wenigstens die 10. Klasse zu absolvieren und hatte damit nach dem Verlassen des Gymnasiums einen Realschulabschluss. Damit bewarb ich mich an vier Krankenhäusern in der Nähe um eine

Ausbildung zum Krankenpfleger. Es kam zu Bewerbungsgesprächen in Füssen, Kaufbeuren, Kempten und Landsberg. Von allen vieren bekam ich eine Zusage. Ich musste mich entscheiden, wo ich 2007 meine Lehre beginnen sollte. Da die Krankenhäuser Füssen und Kaufbeuren fusionierten, entschloss ich mich, dort meine Ausbildung zu absolvieren. Ich war mit Freude dabei. Neben Anatomie wurde ich auch in den praktischen Ausbildungseinheiten direkt am Patienten mit einer glatten Eins benotet. Die Ausbilder waren von meiner Art mit Menschen umzugehen begeistert. Schon damals zeigte sich, dass es mir lag und ich Spaß daran hatte, Menschen zu helfen. Es war wie eine Berufung.

Natürlich gab es neben der Ausbildung nach wie vor den Bergsport, den ich mit Begeisterung betrieb. Wie es schon bei meinem Großvater der Fall gewesen war, ging es nach einer Arbeitswoche für mich mit Freunden in den Fels. Mit einem alten VW-Bus sind wir beispielsweise zum Gardasee gefahren und haben dort anspruchsvolle Klettertouren gemacht. Bei einigen Passagen am Berg war mir schon unwohl zumute, aber ich riss mich immer zusammen, weil ich die Route in der Bergwand schaffen wollte. Diese Zeit glich einem Leben auf der „Überholspur". Alles war möglich und wir haben auch nichts ausgelassen. Dennoch nahmen meine Freunde und ich unsere Berufsausbildung sehr ernst. Bergsteigen hat uns allen gezeigt, was Disziplin, Ausdauer, Zielsetzung, Teamgeist, Konzentration und Werte bedeuten. Fundamente für mein Leben wurden gelegt. In dieser Phase war mir klar, wohin meine Reise gehen sollte: Nach der Ausbildung zum Krankenpfleger wollte ich innerhalb eines Jahres die verkürzte Ausbildung zum Rettungsassistenten machen und dann den Intensiv- bzw. Narkosefachpfleger anschließen. Das große Ziel lautete, auf einem Rettungshubschrauber zu fliegen bzw. zu arbeiten.

Doch es sollte anders kommen. In der Krankenpflege durchläuft ein Auszubildender verschiedene Stationen. Eine davon ist der Dienst im

Altenheim. Das war der einzige Teil meiner Lehrzeit, der mich wenig faszinierte. Notfall- und Akutmedizin begeistert mich mehr. Trotzdem, die Altenpflege gehört eben dazu. Dieser Ausbildungsabschnitt sollte am 19. Januar 2009 beginnen. Was meine Unlust steigerte, war die Tatsache, dass mein Dienst in einer Einrichtung stattfinden sollte, die sich gut eineinhalb Autostunden von den Alpen entfernt befand. Die Berge rückten von mir fort. Also wollte ich davor unbedingt noch eine Winterbergtour machen.

Meinen letzten Einsatz hatte ich in der Spätschicht der Psychiatrie im Krankenhaus Kaufbeuren am 16. Januar 2009. Gegen 23 Uhr stieg ich in den Zug nach Hause. Die Fahrt nach Füssen dauert eine gute Stunde. Während dieser Zeit versuchte ich jeden meiner Freunde zu erreichen. Ich wollte unbedingt eine Eisklettertour machen. Die Bedingungen dafür waren zu dieser Zeit optimal. Also telefonierte ich meine Freunde, Philipp, Flori, Michel, Stefan und Sebastian ab. Der eine war in Kanada, der andere hatte Bergwachtdienst, der nächste musste arbeiten und das setzte sich weiter fort. Keiner hatte Zeit. Schließlich ging Claudio* ans Telefon.

Claudio gehörte nicht zu meinen engsten Freunden, aber er war die letzte Möglichkeit, an diesem Wochenende eine Eiskletterpartie zu unternehmen und der Zufall wollte es, dass Claudio ebenso Lust auf Eisklettern hatte. Mit einem weiteren Freund, dem Seppi**, hatte er geplant, den Blässefall in den Tannheimer Bergen in Tirol zu klettern. Wir machten aus, dass Seppi und Claudio mich um sieben Uhr morgens abholen würden. Ohne weiter nachzudenken, sagte ich zu. Zu Hause angekommen, setzte ich mich zu meiner Mutter ins Wohnzimmer, die noch etwas Fernsehen schaute. Ich sagte ihr beiläufig, dass ich morgen mit Freunden zum Eisklettern gehen würde. Sie meinte nur: „Ok, pass aber bitte auf! Trotzdem viel Spaß."

* Name geändert
** Name geändert

Eisklettertour im November 2008, rund einen Monat vor dem Unfall

Am Morgen des 17. Januar 2009 packte ich meine Sachen, ging vor die Haustür und wartete auf Claudio und Seppi. Während ich in der Morgenkälte stand, ließ ich mir durch den Kopf gehen, wo und mit wem ich diese Tour unternahm. Der Blässefall ist eine sehr schwere Kletterpartie, die Erfahrung und Umsicht voraussetzt. Er umfasst fünf Seillängen und wird als WE6 (Water Ice Schwierigkeitsgrad 6) eingestuft – das ist der zweithöchste Schwierigkeitsgrad in der Wasserfall-Eiskletterskala. Wasser tropft nach unten und so gefriert es auch, das heißt, man hat senkrechtes Eis vor sich. Nach der zweiten Seillänge kommt man an einen Punkt – dem Point of no Return – an dem es kein Zurück mehr gibt. Ich war ihn schon einmal mit Philipp geklettert und hatte Respekt vor der Route durch das gefrorene Eis.

Claudio und auch Seppi waren keine routinierten Kletterer. Sie hatten zwar schon einige Touren, hauptsächlich im Fels, gemacht, aber ihr mangelndes Knowhow, gerade im Eis, könnte am Blässefall zum Problem werden. Hinzu kam, dass ich Seppi als einen eigenartigen Menschen empfand.

Zwar behauptete er, vieles zu können, aber wenn er an einer Sache scheiterte, war entweder das Material schuld oder die Kameraden, mit denen er unterwegs war. Seppi hatte eine falsche Einstellung zum Erfolg. Sie war negativ geprägt. Kurz gesagt, er war mir unsympathisch. Normalerweise hätte ich unter diesen Voraussetzungen absagen müssen. Ich tat es nicht, weil ich so besessen von der Eiskletterei war.

Mit reichlicher Verspätung kamen die zwei endlich. Auf der Fahrt dorthin gab es noch einen Unfall, der zu einer weiteren zeitlichen Verzögerung führte. Es wurde immer später. Ich begann mir Sorgen zu machen und sagte schließlich zu Claudio und Seppi: „Ihr wisst schon, dass wir spät dran sind? Wenn wir am Ausgangspunkt in den Tannheimer Bergen sind, müssen wir noch eineinhalb Stunden zum Einstieg gehen – und der Blässefall ist keine einfache Geschichte.“ Zusätzlich brachte ich die Argumente vor, dass man eigentlich zu dritt keine Eiskletterpartie macht und dass mir die Erfahrung der beiden für diesen Schwierigkeitsgrad nicht ausreiche. Eine Diskussion entbrannte. Claudio sah meinen Standpunkt schließlich ein, aber Seppi war verärgert. Der Tag stand unter keinem guten Stern.

Ich schlug als Alternative eine Kletterroute am Haldensee vor. Der Weg dorthin betrug vom Auto aus 25 Minuten, es war nur eine Seillänge, wir konnten zu dritt klettern, uns ausprobieren und wenn wir am Nachmittag genug hatten, ginge es wieder heimwärts. Murrend stimmten die beiden anderen zu. Der Zustieg zum Eis verlief entlang einer Rinne, die vom Wind stark mit Schnee verweht war. Ich ging vorweg. Immer wieder sackte ich bis zur Hüfte im Schnee ein. So voranzukommen kostet Kraft. Claudio stand inzwischen ganz auf meiner Seite und folgte dicht hinter mir. Doch Seppi lag weit hinter uns und fluchte vor sich hin. Am Wasserfall – Water-Ice Schwierigkeitsgrad 4 – angekommen, standen wir auf einem Plateau. Unter uns war das Bachbett, in dem zwischen vereisten und schneebedeckten Steinen etwas Wasser lief.

Damit Claudio und ich nach dem anstrengenden Aufstieg etwas Luft holen konnten, sollte Seppi vorklettern. Unter einigen Bergsteigern gilt nur der sogenannte Vorstieg, bei dem die Route für die Nachfolger gesichert wird, als die eigentliche Kletterpartie. Ich beobachtete, wie Seppi bereits auf den ersten drei Metern mehrere Eisschrauben setzte. Darüber konnte ich nur den Kopf schütteln, denn das Eindrehen einer Schraube kostet so viel Kraft, dass man gerade weiter unten eher weniger verwendet. Und je mehr Schrauben es gibt, desto mehr Seilreibung entsteht. Kein Wunder also, dass Seppi bald schon Schwierigkeiten mit seinem Seil bekam. Das verdeutlichte mir nochmals, wie riskant es am Blässefall geworden wäre. Einige Stunden kletterten wir dann am Haldensee, bis es Zeit war, ganz abzusteigen.

Ich wollte nur nach Hause, da ich genervt war. Wir stiegen von dem Plateau ab. Jedoch wählte ich für den Rückweg die gegenüberliegende Seite des steilen Bachrückens, an dem wir aufgestiegen waren. Hier lag weniger Schnee. Es war eine Art Pfad, der auf der Kante verlief. Während des Gehens klingelte mein Handy. Es war Sebastian, der sich schon per SMS angekündigt hatte, weil er sich mit mir auf ein Bier treffen wollte. Im Kopf sah ich mich längst mit Sebi in unserer Stammkneipe sitzen. Gerade weil der ganze Tag schon von Beginn an so unbefriedigend verlaufen war, freute ich mich auf den Abend. Es konnte alles nur noch besser werden – dachte ich. Ich zog das Handy aus meiner Hosentasche und wollte gerade „Servus!" sagen. An den nächsten Moment kann ich mich nicht erinnern. Ich fiel. Alles geschah in Zeitlupe. Ich realisierte: Mir passiert gerade das, was einem Bergsteiger nie passieren darf – ich stürze ab. Für den Bruchteil einer Sekunde verspürte ich unglaubliche Panik. Doch für Angst war keine Zeit. Schon einen Herzschlag später schaltete ich in den Überlebensmodus. Wie der Neandertaler, der dem Säbelzahntiger immer schon einen Schritt voraus sein muss, damit er nicht gefressen wird, schärfte ich meine Sinne und war gedanklich schon beim Aufprall, während ich noch immer fiel. Ich wusste, ich musste eine möglichst kompakte Haltung einnehmen, also verschränkte ich die Arme vor dem Körper und machte mich klein. Ich schlug mit der linken Körperhälfte auf einem kahlen Felsvorsprung im kalten Bachbett auf. Nach einem freien Fall von gut zehn Metern überschlug ich mich erneut, stieß auf Eis, prallte von Geröllbrocken ab, rutschte unkontrolliert über Schnee, bis ich endlich zwischen vereisten Steinen zum Liegen kam. Wie ich heute weiß, war ich insgesamt rund 30 Meter in die Tiefe gestürzt.

Als ich im Bachbett lag, war einen Moment Ruhe. Ich verspurte keinen Schmerz mehr, was ich einem enormen Adrenalinausstoß zu verdanken hatte. Schnell realisierte ich, dass ich mich nicht bewegen konnte. Sofort wurde mir bewusst, auch vor dem Hintergrund meiner Ausbildung zum Bergwachtmann, dass etwas ganz Schlimmes mit mir passiert war. Mir rasten in Sekundenschnelle unzählige Gedanken durch den Kopf. Dann schaltete mein Inneres auf das erlernte Notfallmanagement um. In meinem Beckenbereich und unteren Bauchraum wurde es angenehm warm. Mir wurde bewusst, dass dieses warme Gefühl durch innere Blutungen ausgelöst wurde. Durch meine Ausbildung wusste ich auch, dass man bei einem Unterarmbruch bis zu einem Liter Blut verlieren kann, bei einem Unterschenkel sind es schon 1,5 Liter und im Hüftbereich sind es zwei Liter und mehr. Da der Mensch zwischen fünf und sechs Liter Blut hat, stellt ein Blutverlust von über zwei Litern ein kritisches Moment dar. Ein hypovolämischer Schock setzt durch den hohen Verlust an Blutvolumen ein. Ich ahnte, dass ich schnell bewusstlos werden würde.

Claudio und Seppi hatten nicht mitbekommen, wie ich gestürzt war. Für sie muss es ein unglaublicher Schock gewesen sein, als sie mich im Bachbett liegen sahen. Schnell eilten beide zu mir. Claudio war geistesgegenwärtig und redete laufend mit mir, um mich bei Bewusstsein zu halten. Er schrie mich förmlich an: „Bleib wach! Halte die Augen auf! Rede mit mir!“ Seppi machte nichts. Wie versteinert stand er ein paar Meter abseits. Claudio war in Panik, da er schon einmal einen Freund am Berg verloren hatte, der bei einer Tour im Winter auf einem Grat vor seinen Augen abgestürzt war. Daher war die Situation für ihn besonders dramatisch.

Ironischerweise war ich so klar in meinem Kopf, dass ich Claudio beruhigte und ihn anhand des erlernten Notfallmanagements anleitete, was er zu tun hatte. Ich sagte ihm, dass er als erstes meine Beine hochlagern soll. Dann wies ich ihn an, die Rettungsleitstelle in Kempten anzurufen, denen den Unfallort, die Schwere der Verletzungen bei hohem Blutverlust mitzuteilen und dabei nicht zu vergessen, dass ich Bergretter bin. Ferner sollte er einen Hubschrauber ordern mit Winde und Seil, da man in dem Gelände nicht landen kann. Das Krankenhaus, das dafür in Frage kam, war das in Murnau. Dort war man auf solche polytraumatischen Fälle spezialisiert. Auch diese Information sollte Claudio der Rettungsleitstelle mitteilen. Nachdem er das alles durchgegeben hatte, bat ich Claudio, meine Eltern anzurufen und sie ebenfalls über das Geschehen in Kenntnis zu setzen. Der Wille zu überleben war unglaublich stark in mir.

Mein großes Glück war, dass der Rettungshubschrauber so überaus schnell an der Unfallstelle war. Ich erfuhr erst später, dass dieser Hubschrauber eigentlich auf dem Weg zu einem anderen Einsatz in ein Skigebiet im Oberallgäu gewesen war, wo sich jemand beim Skifahren das Bein gebrochen hatte. Die Leitstelle in Kempten setzte die Prioritäten neu und leitete den Hubschrauber in der Luft um – zu dem Ort, an dem ich bereits mit dem Tod kämpfte. Ich erinnere mich, dass ich den Hubschrauber mit dem bereits heruntergelassenen Seil über mir sah. Bergretter und der Notfallarzt kamen am Seil zu mir herunter. Kurioserweise kannte ich den Arzt. Es war der gleiche Arzt und auch der gleiche Rettungshubschrauber, die mit mir im Januar 2006 bei jenem tragischen Lawinenunglück ebenfalls in den Tannheimer Bergen waren. Zufall?

Mit jenem Arzt, Dr. Günter Böcking aus Nesselwang, hatte ich noch im Herbst zusammen mit meinen Bergwachtkameraden eine Übung geflogen, bei der das Abseilen an unzugänglichen Unfallstellen geübt wurde. Darüber konnte ich mich mit Dr. Böcking noch kurz unterhalten, während er alles Notwendige vorbereitete. Meine Verletzungen waren sehr schwer, die Zeit lief davon. Mein Leben hing buchstäblich an einem hauchdünnen seidenen Faden. Entgegen allen Rettungsregeln entschied sich Dr. Böcking gegen eine Crashbergung. Dabei wird der Patient umgehend ausgeflogen und erst an einem stabilen, sicheren Ort wie einem Hubschrauberlandeplatz oder einer Wiese, wo auch ein Rettungswagen stehen kann, so versorgt, dass der Patient für den Weitertransport stabil ist. Dr. Böcking ignorierte diese Vorschrift und gab sein Bestes an Ort und Stelle. Das war das letzte, was ich mitbekam. Es wurde dunkel um mich herum. Eine lange Nacht brach an.

Kapitel 2

Niederlagen – Chancen für neue Wege

Wenn ich mich umhöre, Nachrichten verfolge oder Schlagzeilen lese, haben Niederlagen immer etwas Dramatisches. Vielleicht liegt es an der Berichterstattung, die oft nach dem Motto „Only bad news are good news" verfährt oder auch am gesellschaftlichen Verständnis, dass Rückschläge selten mit etwas Positivem in Verbindung gebracht werden. Verständlich ist das, denn wer verliert schon gern oder erleidet „freudig" einen Rückschlag? Keiner!

Im Grunde wissen wir alle, dass Negatives zum Leben dazu gehört. Doch im Moment der Niederlage fällt es uns schwer, damit umzugehen. Die Schwierigkeit liegt in der Akzeptanz. Es gibt Menschen, denen gelingt es leichter, sich wieder aufzurichten. Andere stehen gar nicht wieder auf, wenn sie am Boden sind. Was man tut, ist von verschiedenen Faktoren abhängig: Schwere der Niederlage, persönliche Betroffenheit, Art und Weise, persönliche Verfassung oder Lebenserfahrung. Viele Niederlagen ähneln sich – die meisten empfinden sie als Enttäuschung. Und eine solche Enttäuschung kommt zustande, indem man davon ausgeht, dass man eigentlich gute Chancen hat, ein Ziel zu erreichen: wie bei der Frage, wer ein Fußballspiel gewinnen könnte, ob man einen erfolgreichen Geschäftsabschluss oder eine Beförderung erwartet. Oder etwas Negatives tritt unverhofft, völlig unerwartet ein. Das kann ein Ausfall einer Betriebsanlage sein, die zu einer Kettenreaktion im Produktionsablauf führt, ein Einspruch gegen ein Bauvorhaben oder ein Schicksalsschlag, der alles von einer Sekunde auf die andere auf den Kopf stellt. Die Herausforderung besteht jedoch in allen Fällen nicht in der Niederlage selbst. Sie besteht darin, das Geschehene zu realisieren und in der Analyse und der Akzeptanz der neuen Situation.

Für viele Menschen bedeuten Fehlschläge eine Schande. Vermeintlich haben sie versagt. Dabei sind Niederlagen völlig legitim. Sie können jedem passieren – im beruflichen, privaten oder sportlichen Bereich. Alle Menschen haben in ihrem Leben schon Rückschläge erleben müssen. Jeder wird auch in naher oder ferner Zukunft mit einem Rückschlag oder einer Lebenskrise konfrontiert werden: Man verliert ein geliebtes Familienmitglied, die Eltern trennen sich, man selbst wird von seinem geliebten Partner verlassen oder geschieden. Es ist ganz gleich, was passiert. Jeder hat sein Päckchen zu tragen und Ausnahmen gibt es keine. Letztendlich kommt es darauf an, was man aus seiner Situation macht und wie man mit einem Rückschlag umgeht.

Niederlagen bedeuten aber auch gleichzeitig Veränderung: Wir haben unseren gewohnten Alltagstrott. Täglich leben wir nach einem von Gewohnheiten geprägten Muster. Plötzlich passiert etwas, das uns aus diesem Alltag ohne unser eigenes Dazutun herausreißt. Die dadurch ausgelöste Veränderung geschieht, ohne dass wir gefühlt etwas dazu beitragen können.

Beispielsweise könnte es sein, dass mich morgen mein Banker anruft und sagt: „Felix, ich habe schlechte Nachrichten. Die Lehman-Brothers sind pleite. Du hast dein ganzes Geld verloren." Ein anderes Beispiel wäre, dass ich heute gekündigt werde und in vier Wochen keine Arbeit mehr habe. Beides sind Veränderungen, die nicht von mir ausgehen, mit denen ich aber fertig werden muss.

Es kommt darauf an, wie ich mit diesen Veränderungen umgehe, nicht so sehr, was mir geschieht. Das Wichtigste ist die Akzeptanz, das Annehmen der jeweiligen Situation, die hinter mir in der Vergangenheit liegt. Es ist so, wie es ist. Das, was ich Ihnen vor einer Minute erzählt habe, kann ich schon jetzt nicht mehr verändern. Daher gibt es nur eine Richtung und die geht nach vorn. Wir dürfen uns mit den Dingen aus der Vergangenheit nicht belasten. Wir müssen hier und jetzt mit dem Blick in die Zukunft gerichtet leben.

Als ich meinen Unfall hatte, war das letzte, an das ich mich erinnern kann, die einbrechende „Nacht". Es wurde dunkel um mich herum. Aus! Was mit mir in den nächsten Tagen, Wochen, Monaten passierte, weiß ich nur aus Erzählungen. Ich selbst kann mich an nichts erinnern. Es gab entsprechend auch keine Phase, in der ich meinen Unfall hätte realisieren können. 152 Tage lag ich im künstlichen Koma. Ab Mitte Juni wurde ich aufgeweckt. Wenn ich das erzähle, klingt es so, als würde jemand ans Bett kommen und sagen „Aufwachen!". Doch so war es nicht. Es war ein Prozess. Man wird ganz langsam aus dem Koma zurückgeholt. Irgendwann – zwischendurch – realisierte ich, dass ich im Krankenhaus war. Warum ich mich dort befand, begriff ich in diesen immer länger werdenden Aufwachphasen nicht. Wohl bemerkte ich meine Bewegungsunfähigkeit, aber meine Eltern beispielsweise konnte ich in dieser Zeit noch nicht bewusst registrieren. Wen ich wahrnahm, das waren die Krankenpfleger und die Ärzte. Damit stellte sich auch die Erkenntnis ein, dass ich in einem Krankenhaus war. Anfangs dachte ich: Wieso bin ich im Krankenhaus? Eines Tages erkannte ich einen Arzt. Es war Dr. Michael Ebenhoch. Er war Bereitschaftsarzt der Bergwacht in Füssen und von ihm wusste ich definitiv, dass er im Klinikum Murnau auf der Intensivstation arbeitet. So wurde mir klar, wo ich war.

Doch das waren keine bewussten Gedankengänge, ich registrierte das alles wie durch dicken Nebel. Jedoch kann ich mich an meinen ersten wachen, bewussten Moment erinnern. Mein erster Gedanke war: Scheiße, Pfingsten ist vorbei! Das Zweite, über das ich mich fürchterlich aufregte, war, dass mein neuer Rucksack, meine Überhose und mein neuer Klettergurt, die ich mir in der Woche vor dem Unfall gekauft hatte, bei dem Rettungseinsatz zerschnitten worden waren. Mir schoss sofort durch den Kopf, umgehend mit der Versicherung des Hubschraubers Kontakt aufzunehmen, um den Schadensfall zu regulieren. Das waren meine ersten Reaktionen.

Wie dramatisch die Zeit von der Bergung am Unfallort im Januar bis zum Erwachen im Juni 2009 abgelaufen war, bekam ich erst später mit. Ich hatte mit extremen Blutungen zu kämpfen. Eine der Ursachen dafür war die schwere Verletzung im Beckenbereich. Eine Beinvene war ruptiert – also durchgerissen – was einen enormen Blutverlust zur Folge hatte. Wenn man sich vergegenwärtigt, dass der Mensch etwa sechs bis sieben Liter Blut in seinem Kreislauf hat, kann man ungefähr die Schwere des Blutverlustes ermessen und wie lebensbedrohend er war. Ich benötigte rund 800 Bluttransfusionen. Das sind 400 Liter Blut und entspricht fast einem halben Kubikmeter. In solchen Fällen besteht die Gefahr eines hypovolämischen oder hämorrhagischen Schocks (Volumenmangelschock), der letztlich zum Tod führen kann.

Für meine Eltern stellte sich meine Situation anfangs ganz anders dar. Schon bei der Bergung am Unfallort wurden sie durch die Leitstelle unterrichtet, was ich noch bewusst veranlasst hatte. Meine Eltern sind daraufhin rasch in dem Wissen nach Murnau gefahren, dass ich mich „irgendwie“ verletzt hatte. Sie gingen davon aus, ich hätte einen Arm- oder Beinbruch. Auf dem Weg in die Klinik nach Murnau rief der diensthabende Oberarzt meine Eltern an und bat sie, schnellstmöglich zu kommen, weil es ganz schlecht um mich stehe. Mehr wussten sie nicht. Erst nach den ersten Diagnosen durften meine Eltern schließlich zu mir. Ihnen wurde zu verstehen gegeben, dass sie sich jetzt Zeit lassen sollen, um sich in Ruhe von mir zu verabschieden. Die Aussage war, die Blutungen seien zu stark, um sie zu überleben. Es war das Erste, was Mama und Papa im Krankenhaus in dem Wartezimmer der Notaufnahme erfuhren. Meine Eltern waren wie gelähmt und verzweifelt zugleich.

Die erste Herausforderung für die Ärzte war, die gerissene Beinvene mit dem Endoskop zu flicken. In dieser Zeit lief das Blut, das die Ärzte mir oben gaben, buchstäblich unten wieder aus mir heraus. Doch es kam etwas anders: Ich überlebte den ersten Tag, dann den zweiten Tag, den dritten Tag und noch weitere Tage. Die Ärzte sahen meinen Überlebenswillen, obwohl ich geistig nicht bewusst anwesend war. Nur mein Körper war da, wenn man so will. Vermutlich war mein Geist auf irgendwelchen Klettertouren oder Urlauben. Das muss mir den nötigen inneren Schub gegeben haben durchzuhalten.

Ob es wirklich genau so war? Niemand kann das sagen, ich selbst habe auch keine Erinnerung daran. Meine Mama hat immer über mich gesagt, gerade während der Zeit im Krankenhaus zu jedem Arzt oder Pfleger: Felix hat ein Löwenherz. Diese Energie muss mich angetrieben haben.

Die Ärzte realisierten sehr schnell, dass mein Fall nichts Alltägliches war. So haben sie den Spirit und den Kampfgeist meiner Eltern von Anfang an erlebt. Schließlich taten die Ärzte alles, was möglich war und noch viel mehr. Vielleicht spielt das Glück in solchen Situationen eine nicht zu unterschätzende Rolle. Manchmal braucht man einfach Menschen, die sich für einen einsetzen. Davon hatte ich gleich mehrere.

Als die ersten Tage vergangen waren, in denen ich diesen Lebenswillen zeigte, begannen die Ärzte damit, mich zu operieren. Oder besser gesagt: mich buchstäblich zusammenzuflicken. Der erste Schritt war, die Blutung zu entlasten. Dazu wurde die Bauchdecke geöffnet, damit das Blut einen Weg hat, aus dem Bauchraum zu entweichen. Zeitgleich sollte die zerrissene Vene zusammengenäht werden. Es brauchte mehrere Anläufe, bis das glückte. Schließlich wurden Hüfte, Becken und Oberschenkelhals auf der linken Seite verplattet. Außerdem waren Organe gequetscht. Das führte relativ schnell zu Komplikationen. Es folgten Sekundärerkrankungen: Lungenentzündungen, Thrombosen, Herzstillstände, Sepsen – also Blutvergiftungen durch die Keime, die durch die vielen Wunden in den Körper gelangt waren -, starkes Fieber mit bis zu 41 Grad inklusive stärkster Antibiotikabehandlungen. Mein Körper hatte viel zu kämpfen, zu verarbeiten und zu überstehen. Ständig bekamen meine Eltern also neue schlechte Nachrichten. Durch den Unfall wurden für sie neue Tatsachen geschaffen – nicht nur einmal, sondern immer wieder und das im Abstand von nur wenigen Tagen oder Stunden. Permanent konnte sich die Situation ändern, immer mussten sie mit dem Schlimmsten rechnen. Wie sie das alles gemeistert haben, ist für mich bis heute unfassbar.

Mit dem Erwachen aus dem Koma war ich noch lange nicht über den Berg. Der Weg, der vor mir lag, sollte sich noch über viele Monate ziehen. Ich konnte nicht gleich sprechen. Ich konnte mich nur wenig artikulieren, denn ich hatte ein Tracheostoma – also einen Schlauch im Hals, über den ich beatmet wurde. Das wird gemacht, wenn Patienten im Koma liegen und künstlich beatmet werden. Wenn man schließlich irgendwann aufwacht und geistig wieder anwesend ist, hat man in der Regel noch diesen Schlauch im Hals. Je länger das Koma dauert, desto eher besteht die Wahrscheinlichkeit, das Atmen in dieser Zeit verlernt zu haben, da in der Zwischenzeit das Atemgerät die Bewegung ausführte.

Woran ich mich gut erinnern kann, ist die Phase des Atemtrainings. Man trainiert sich Stück für Stück das Atemgerät ab und lernt wieder selbst zu atmen. Das beginnt mit dem Abschalten der Maschine für eine kurze Zeit, rund zehn Minuten lang. In dieser Zeit muss man versuchen, selbst zu atmen. Länger schafft man das auch nicht. In Folge werden diese Abschaltzeiten immer länger. Das geht so weit, bis man schließlich 48 Stunden ohne Maschine durchatmen kann. Der Schlauch bleibt dennoch im Hals für alle Fälle. Erst wenn das eigenständige Atmen sichergestellt ist, wird das Tracheostoma gezogen.

Bei mir dauerte dieser Prozess knapp fünf Wochen. Es war furchtbar. Den Schleim, der sich bildete, konnte ich nicht abhusten, ich konnte nicht mehr atmen, der Pfleger kam, schob wieder den Schlauch in den Hals, um den Schleim abzusaugen und das alles geschieht bei vollem Bewusstsein. Das waren schreckliche Zeiten für mich. Ich habe wohl hunderte Male mein Tracheostoma vollgekotzt, weil das Üben, die einfache Bewegung des Atmens, sehr anstrengend für meinen überlasteten Körper war und mir ständig schlecht wurde. Anschließend musste alles wieder gesäubert werden. Das Schrecklichste neben dem Absaugen war diese unkontrollierbare Übelkeit. Meinen Kopf konnte ich nicht zur Seite drehen. Ich lag nur auf dem Rücken. Es war ein Überlebenskampf, dem ich nicht aktiv entgegenwirken konnte und dem ich hilflos ausgesetzt war. Meine Mutter sagt immer, die Erfahrungen, die ich in dieser Zeit gemacht habe, gleichen einer Vergewaltigung. Man kann die Situation nicht umgehen und sie auch nicht vermeiden oder beenden. Anders gesagt: Du kannst dich nicht mit den Fingern an der Stirn kratzen, weil es dort juckt. Du bist einfach machtlos.

Es ist tatsächlich so, dass man mit der Zeit eine Art Gleichgültigkeit – so genannten Hospitalismus – entwickelt. Man vegetiert vor sich hin. Wie absurd die Situation für mich war, beschreibt folgendes Erlebnis. Nach der Komaphase kam irgendwann die Zeit, in der ich regelmäßig wach war. Ich konnte Besuch bekommen und genoss das. Jedoch blieb Besuch nicht ohne Folgen, da es für mich andererseits natürlich auch sehr anstrengend war. Ich kann mich erinnern, dass mich mein Vater mit einem Bergwachtkollegen besuchte. Mit mir konnten sie sich nicht unterhalten, weil ich zu dem Zeitpunkt noch nicht sprechen konnte. Also unterhielten sich die beiden miteinander. Allein das Hören und Sehen – also dem Gespräch zu folgen – strengte mich so sehr an, dass mir wieder übel wurde. Dieser Besuch erschöpfte mich sehr.

Ein anderes Mal überforderte mich die Situation, weil ich das Bett und das Zimmer eine Weile verlassen sollte. Ich sollte ins Freie. Das war Anfang Juli. Die Lungenmaschine war weitgehend abtrainiert und ich konnte sogar eine kurze Zeit in einem Pflegerollstuhl sitzen. Mein Vater hatte mit mir bereits ein paar Mal die Cafeteria des Krankenhauses besucht. Den Pflegerollstuhl für mich vorzubereiten war sehr aufwendig und nicht gerade einfach. Ich kann mich gut erinnern, wie die Ärzte und meine Eltern versucht haben, mich mit dem Pflegerollstuhl hinaus in die Sonne zu schieben. Dazu mussten die gesamten Kabel, Zugänge, Schläuche usw. mit dem Rollstuhl arrangiert werden, damit ich etwas auf dem Balkon sitzen konnte. Es war die Hölle für mich: das Vogelgezwitscher, die Sonne, die Wärme der Sonne auf der Haut, das Licht, die Vorbereitung. Es war zu viel Input auf einmal. Mir wurde schlecht, ich übergab mich und wieder musste das Tracheostoma gesäubert werden. Doch es ging langsam bergauf. Ich durfte sogar schon wieder ab und zu mal eine Suppe löffeln, das heißt, jemand gab sie mir. Selbst essen konnte ich noch nicht, aber ich war froh über jeden kleinen Schritt nach vorne.

Dann kam der Augenblick, als ich auf die Station für Querschnittpatienten verlegt wurde. Das ist eine Station wie jede andere im Krankenhaus, jedoch mit mehr Krankenpflegepersonal. Ein großes Problem bestand noch. Meine Wunde an der Hüfte war offen, nässte stark und eiterte. Bis zu der Verlegung beschäftigte ich mich mehr und mehr mit mir, dem Unfall, seinen Folgen und den Perspektiven. Zwar begriff ich, dass dieser Unfall passiert war, aber ich habe nicht realisiert, welche Auswirkungen er für mein weiteres Leben haben sollte. Ich habe die Folgen nicht erfassen und auch nicht annehmen wollen. Zu stark war die Niederlage, als dass ich wieder an meinen Alltag hätte anknüpfen können.

Wenn etwas Schlimmes geschieht wie mir damals, dann trauert man auch. Man spürt den Schmerz. Es ist ganz wichtig, dass man zu dieser Trauer steht und sie nicht verdrängt. Meine Familie und ich haben oft geweint. Vieles war ungewiss. Dennoch, bis zu diesem Punkt, an dem ich die Trauer zulassen konnte, legte ich einen absolut naiven Optimismus an den Tag, genauso wie meine Eltern und das Team um mich herum. Das Annehmen der eigenen Situation, das Akzeptieren der Niederlage braucht Zeit, und umso mehr, je schwerer sie ist.

Um aber die Trauer und meine Lage akzeptieren zu können, muss ich mich genauso selber als Person akzeptieren können. Vielleicht habe ich zehn Kilo zu viel Gewicht, eventuell können andere Dinge besser oder sind aus meiner Sicht erfolgreicher. Ich beobachte beispielsweise, dass Geschäftsführer oder Entscheidungsträger Aufgaben nicht an ihr Personal abgeben können, so qualifiziert dieses auch sein mag. Zwar sehen sie das Talent ihrer Mitarbeiter, aber sie haben nicht das Vertrauen in ihre Mitmenschen und Kollegen. Mit Hängen und Würgen wollen diese Führungskräfte alles alleine durchziehen. Sie wollen nicht akzeptieren, dass ihre Stärken in einem anderen Bereich liegen als in der praktischen Tätigkeit. Hier spielt auch Demut und Achtsamkeit eine Rolle. Das sind Werte, die scheinbar aus der Mode gekommen sind. Doch letztendlich geht es um Akzeptanz. Ich muss mich also zulassen, muss hinnehmen: So wie ich bin, bin ich!

Bis heute überlege ich mir: Was ist die Quintessenz aus meiner Geschichte? Warum habe ich gewonnen und bin nicht gestorben? Was ist die Botschaft für jemanden, dem so eine schlimme Niederlage widerfährt wie mir damals? Was habe ich damals gemacht, warum gab ich nicht auf? Für mich steht fest, mein Umgang mit Rückschlägen hat sich geändert. Er hat sich gefestigt. Schon vor dem Unfall konnte ich ganz gut mit Misserfolgen umgehen. Natürlich war ich genervt, wenn es mal nicht so funktionierte, wie ich mir das vorgestellt hatte. Dann probierte ich es eben noch einmal. Das lernt man im Sport oder auch bei der Bergwacht. Doch der Unfall hat mir einiges mehr gezeigt und bewusster gemacht. Dazu gehört die Verarbeitung eines Rückschlags. Vieles verarbeite ich heute schneller. Muss ich eine Schlappe einstecken, dann sage ich mir „Scheiß drauf, das ist jetzt so!“ Wenn zum Beispiel der Auftrag nichts wird, den ich haben wollte: Ich hake ihn schnell ab und heule ihm nicht hinterher. Das bringt nämlich nichts. Es schlägt auf das Gemüt und das Wohlbefinden und das überträgt sich wiederum auf die Mitmenschen oder Mitarbeiter. In dieses Fahrwasser wollen wir doch eigentlich alle nicht geraten. Streichen wir das „eigentlich“ aus unserem Wortschatz!

Mein ungebrochener, ungetrübter Optimismus half mir in der Zeit nach dem Koma über vieles hinweg. Sicherlich spielten auch im Hintergrund meines Denkens die medizinischen Vorkenntnisse eine Rolle. Sowie ich klar denken konnte, hatte ich sofort Ziele, die ich erreichen wollte. Ich habe jedem Arzt, jedem Therapeuten und Pfleger erzählt, dass ich am 25. Juli Geburtstag habe. Diesen Tag wollte ich mit meinen Bergwachtkollegen und meinen Kletter-Kumpels in der Bleckenau auf der Bergwachthütte gebührend feiern. Das war mein großes Ziel Mitte Juni. Von dem Zeitpunkt der Zielsetzung bis zu meinem Geburtstag waren es also nur noch fünf bis sechs Wochen. Das war absolut idiotisch, denn ich hatte einen offenen Bauch mit eingelegten Schwämmen zum Spülen, hatte einen Schlauch im Hals, einen Katheter, wurde künstlich ernährt, hatte einen Zugang in der Brust zur Beinvene hin und konnte mich kaum bewegen. Jeder, dem ich von meinen Plänen erzählte, sagte: „Cool, Felix, dass du Ziele hast!“ und dachte sich dabei doch im Stillen: Ich lass dich jetzt mal in dem Glauben, dass du das erreichen kannst. Es war allen bewusst, dass dieser Wunsch absolut unrealistisch war. Und wenn ich rational nachgedacht und mein medizinisches Wissen benutzt hätte, hätte mir genauso bewusst sein müssen, dass es nicht so kommen wird.

Dennoch, ich habe in dieser Zeit nicht resigniert. Was ich aus dieser Zeit mitgenommen habe, ist, dass man nicht aufgeben, nicht aufhören sollte, sondern an sein Ziel glauben und weiter in Bewegung bleiben muss – ganz gleich, was für idiotisch anmutende Ziele es sind. Wichtig ist, dass man sich überhaupt Ziele setzt und dafür kämpft. Es ist weniger entscheidend, ob man dieses Ziel erreicht. Viel wichtiger ist, in Bewegung zu bleiben, Tag für Tag darauf hinzuarbeiten, weiterzumachen und keinen Zweifel aufkommen zu lassen. Genau diese Gedanken, dieses Verhalten und Bestreben haben zu meinem Erfolg geführt. Jene idiotischen Ziele haben mich überleben lassen, weil ich weiter gemacht habe und mir klar war: Ich schaffe das! Dass sich meine Zielsetzungen erst Jahre später erfüllen würden, war mir damals nicht klar. Aber es war auch nicht entscheidend.

Nicht nur wie ich meinen Geburtstag feiern wollte, überlegte ich mir. Auch mein Wunsch Krankenpfleger zu werden, war in meinen Gedanken immer präsent. Ich dachte mir ständig: „Scheiße, ich verpasse jetzt brutal viel vom Unterricht, denn ich bin schließlich noch in der Ausbildung!" Außerdem schossen mir meine sämtlichen Kletterprojekte durch den Kopf. Wenn meine Freunde zu Besuch waren, redeten wir über Touren, die wir angehen wollten, wenn ich nur erst wieder fit wäre. Wir überlegten uns, wie viele Karabiner, wie viele Meter Seil oder welche spezielle Ausrüstung wir für die Big Wall-Tour im Sarcatal am Monte Brento wohl brauchen würden. Das zeigte, wie unglaublich der Wille war, all das wieder uneingeschränkt machen zu können, so als hätte es keinen Unfall gegeben.

Doch meine schlecht heilende Hüfte erinnerte mich ab und an daran, dass der Weg noch weit war. Am 13. Juli versetzte man mich wieder ins Koma. Es hieß, mit einem kleinen Eingriff, in dem gespült und Wundherde entfernt würden, wolle man die schwelende Entzündung beheben. Die Heilung würde dann gut verlaufen. Für mich war diese Aussicht ein weiterer Anreiz, weiterzumachen und mich auch dieser Operation zu unterziehen.

Schließlich bedeutete das Ausheilen, dass ich nun endlich ins Wasser durfte. In jenen Wochen wurde immer wieder erwähnt, dass man mit einer Physiotherapie im Wasser beginnen könne, sobald alle Wunden verheilt seien, um den Reha-Prozess zu fördern. Meinem Vater, der an dem Tag vor der OP noch bei mir war, sagte ich: „Papa, bring mir bitte am nächsten Tag unbedingt meine Badehose mit." Auch das war völlig naiv gedacht, schließlich war ich überall am Körper noch offen. Aber der Gedanke, ab „morgen" schon ins Wasser zu dürfen, war eine große Motivation für mich, weiterzumachen und dranzubleiben.

Tatsächlich dauerte es noch drei Jahre, ehe ich das erste Mal nach dem Unfall ins Wasser konnte. Die OP war für den 13. Juli 2009 angesetzt. Man schob mich in den OP-Saal und während das Ärzteteam mich für den Eingriff vorbereitete, sagte man mir, es würde ein kleiner, kurzer Eingriff. Aus dieser OP bin ich letztendlich Anfang Oktober 2009 wieder erwacht. Während der Operation zeigte sich: Ich war septisch. Mein Becken und meine Hüfte waren durch und durch mit Keimen durchsetzt. Es folgten wieder sehr hohes Fieber und eine erneute Blutvergiftung – Grund genug, mich ein zweites Mal ins Koma zu versetzen. Die drei Monate, in denen ich bewusstlos war, verliefen so wie beim ersten Mal: Blutungen, Sepsen, Thrombosen, Herzstillstände, Lungenembolien, Lungenentzündungen und so weiter. Später sagte ein Arzt zu mir: „Felix, du hast wirklich alle Sekundärerkrankungen mitgenommen, von denen wir Mediziner im Studium lernen." Da Murnau über zwei Intensivstationen verfügt, verlegte man mich dieses Mal auf die andere. Man wollte damit das Personal entlasten, für die ein solcher Patient, wie ich es war, eine Belastung ist. Für meine Eltern bedeutete das neue Gesichter, neue Pfleger, neue Umgebung und teilweise neue Ärzte. Generell gesehen war das schon gut gedacht, aber für mich hieß das, dass ich den gleichen Weg, den ich schon einmal durchgemacht hatte, erneut vor mir hatte. Ich lag wieder da, war wieder tracheotomiert, konnte wieder nicht sprechen, nicht selbstständig atmen und musste erneut den ganzen Prozess des Abtrainierens mit all seinen Folgeerscheinungen durchlaufen, nur war der Körper dieses Mal noch geschwächter als nach der ersten Komaperiode.

Als ich zu mir kam und realisierte, was um mich herum geschah, fragte ich meinen Papa, der in dem Moment bei mir war: „Kann es sein, dass ich nächsten Samstag Geburtstag habe?“ Er antwortete: „Du, wir haben mittlerweile Oktober.“ Meine Reaktion war simpel: Scheiße! Man muss sich das so vorstellen, als würde man Weihnachten und den Geburtstag zusammen verschlafen. Es war wieder ein absoluter Rückschlag für mich. Wieder war alles umsonst gewesen. Ich wollte nicht wahrhaben, dass ich wieder so viel Zeit verloren hatte. Nichts ging voran, im Gegenteil: Alles war noch schlimmer.

Doch dann passierte etwas absolut Kurioses. Wieder trat eine Schlüsselperson in mein Leben. Bei Rückschlägen und Niederlagen sind solche Menschen sehr wichtig. Allein ihre Anwesenheit motiviert, an sich zu arbeiten und weiterzumachen. In meinen Fall war es ein Mädchen aus der Schweiz. Sie hieß Sonja. Ich kannte sie schon vor dem Unfall, nur war sie während der ersten Krankenhausperiode auf Reisen. Sie besuchte mich jedes Wochenende und kam dazu extra aus der Schweiz angereist. Während ich langsam aus dem Koma erwachte, nahm ich mehr und mehr die Menschen um mich herum wahr. Und irgendwann stellte ich fest, dass da immer wieder eine junge Frau an meinem Bett saß. Ich erinnere mich daran, dass ich mich ihr sofort verbunden fühlte. Sonja tat mir gut. Wann immer sie mich besuchte, gab sie mir enorme Kraft. In einem gewissen Sinne war es meine Freundin, die mich in dieser Situation, in der ich zwischen Komaphasen und Wachsein hin und her schwankte, stützte und zum Weitermachen animierte. Von einer Beziehung im normalen Sinne konnte nicht die Rede sein – schon durch den Schlauch im Hals, den künstlichen Zugang, die Beatmung, die vielen Katheter usw. bedingt. Sonja kam jeden Freitag, nach der Arbeit reiste sie vier Stunden an und verbrachte das Wochenende bei mir. Gemeinsam schmiedeten wir Pläne für die Zeit nach dem Krankenhausaufenthalt. Das war ein zusätzlicher Ansporn für mich weiterzumachen, nicht aufzugeben und dran zu bleiben am großen Ziel, gesund zu werden.

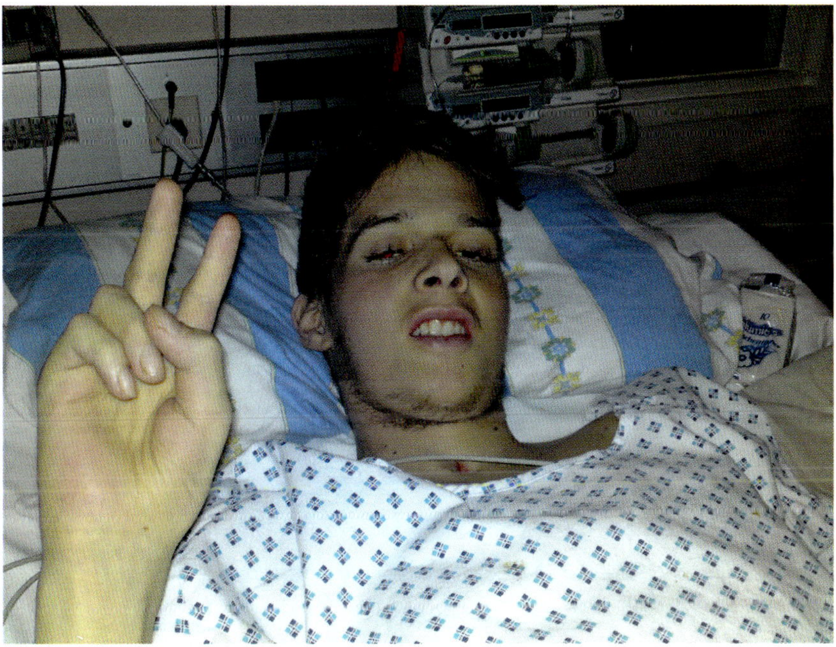

November 2009: Das einzige Bild aus der Krankenhauszeit

Eines Tages war sie wieder zu Besuch und sagte mir: „Felix, ich muss dir etwas sagen, es ist schon sehr lange geplant, aber nächste Woche fliege ich nach Neuseeland und mache dort ein halbes Jahr Au-pair-Zeit." Das schlug bei mir ein wie ein Blitz. Es war ein erneuter Rückschlag, da ihr Auslandsaufenthalt aus meiner Sicht von jetzt auf gleich stattfinden sollte. Doch in ein Loch fiel ich nicht. Es geschah quasi über Nacht etwas Interessantes. Ich nahm diese Nachricht als Herausforderung an und verstand sie als Chance. Am nächsten Tag sagte ich zu ihr: „Super Sonja, perfekt, hau Du ab, fahr Du das halbe Jahr nach Neuseeland. Wir können jeden Tag skypen und telefonieren, es ist kein Problem. Dieses halbe Jahr nutze ich. In diesem halben Jahr werde ich gesund und lerne wieder das Laufen. Wenn Du dann aus Neuseeland zurückkommst, hole ich Dich mit meinem eigenen Auto vom Flughafen ab." Ich hatte ein neues Ziel und nutzte diesen Umstand nach dem Akzeptieren der für mich eigentlich negativen Veränderung als Perspektive – ich definierte neue Ziele. Diese neue Richtung war zwar immer noch naiv und sehr optimistisch gedacht, aber es war nicht mehr ganz unerreichbar und unmöglich. Der Ansporn, das zu schaffen, gab Halt, Kraft und Energie. Eine Woche später flog Sonja.

Es lag viel Arbeit vor mir. Realistisch betrachtet, war meine Gesundheit in keiner guten Verfassung. Ich war nach wie vor chronisch septisch und entsprechend brauchte ich Dauerantibiotika. Das Hauptproblem stellte die Verdauung dar. Das lag an Komplikationen aus der ersten Komazeit. Eine Zyste – eine Wasseransammlung – hatte sich damals an der Bauchspeicheldrüse gebildet. Zur Entlastung wurden sogenannte Stents, das sind kleine Röhrchen, in die Bauchspeicheldrüsengänge gelegt. Die OP fand um die Osterzeit 2009 statt. Anfangs schien alles gut zu verlaufen. Normalerweise entnimmt der Arzt, der die Stents setzt, diese auch wieder, nur ging dieser Arzt zu Ostern für ein paar Tage in den Urlaub. Die Kommunikationskette innerhalb des Ärzteteams riss an dieser Stelle – der Anfang der Komplikationen. Die Röhrchen von insgesamt sieben Zentimetern Länge wurden nicht entfernt und fingen nach einiger Zeit an, aus den Bauchspeicheldrüsengängen zu rutschen. Sie wanderten in den Verdauungstrakt ab. Schließlich verkeilten sie sich förmlich im Dünndarm. Dort härteten sie aus und zerstörten diesen Teilbereich des Darms. Die Sepsis, die das schließlich verursachte, konnte nicht mehr von der Hüfte her stammen, denn diese war mit Gelenkkopf und Gelenkpfanne im Juli amputiert worden. Jetzt rührten die Entzündungen von den verkeilten Stents im Bauchraum her. Mein Gesundheitszustand verschlechterte sich, denn ich konnte nicht mehr abführen. Es wurden nochmals harte Wochen für meine Mama, meinen Papa und mich gegen Ende Oktober/Anfang November 2009. Doch mein Ziel stand unverrückbar fest: Sonja im Frühjahr 2010 vom Flughafen abzuholen.

Für mich war klar, dass ich trotz der Amputation des Hüftgelenks und der erneuten Verschlechterung meines gesundheitlichen Zustandes Sonja auf meinen eigenen Beinen bei ihrer Rückkehr am Flughafen treffe. Ich beschloss zu trainieren. Ich besprach mein Vorhaben mit meiner Familie. Gemeinsam schmiedeten wir einen Plan, wie dieses Ziel am Besten erreicht werden konnte. Uns wurde zu dieser Zeit langsam bewusst, dass mein Zustand in Murnau nicht besser werden würde, dass ich im Krankenhaus nicht gesund werden konnte. Meine Eltern waren mittlerweile zu Profis im Umgang mit Ärzten, Pflegern und Therapeuten geworden. Für mich waren Mama und Papa die besten Krankenpfleger. Wenn man sich so lange in einem Krankenhaus aufhält, entsteht oft Hospitalismus. Unter Hospitalismus versteht man generell alle negativen körperlichen und psychischen Begleitfolgen, die bei einem Krankenhausaufenthalt oder bei einer Inhaftierung entstehen. Die Psyche spielt bei der Heilung eine wesentliche Rolle. Ich allerdings war mittlerweile so stark hospitalisiert, dass meine Eltern sogar in meinem Zimmer übernachteten. Das machten sie abwechselnd, quasi im Schichtdienst. Ab und an vertrat mein Onkel Thomas aus der Schweiz die beiden, damit sie eine Auszeit hatten.

Unser Plan lautete: Felix kommt nach Hause. Uns war allen bewusst, dass ich eine neue Umgebung brauchte. Am sinnvollsten schien es, mich nach Hause zu verlegen. Meine Eltern nahmen die Gespräche mit den Ärzten auf und machten wirklich Druck, sodass klar wurde, dass es uns mit diesem Anliegen tatsächlich ernst war. Zwar gibt es in Murnau Sozialdienste, die den Transport nach Hause organisieren, doch alle diese Dienste weigerten sich, das zu tun. Ihre Begründung lautete, ich würde zu Hause nicht überleben. Aus meiner Sicht eine verkehrte Einstellung. Auch die Ärzteschaft beurteilte meine Chancen geteilt. Zwei Drittel der Ärzte in Murnau glaubten nicht daran, dass ich es schaffen könnte. Nur ein Drittel gab die Hoffnung nicht auf und glaubte daran, dass ich es zu Hause schaffen würde.

Die anderen gingen nicht davon aus, sondern waren der Ansicht, meine Rückkehr nach Hause sei das Ende – und nichts weiter als Palliativmedizin für einen Sterbenden. Doch diese Ansicht kam für uns gar nicht infrage – weder für meine Eltern noch für mich. Zu diesem Thema haben wir immer die gleiche Einstellung gehabt: Wir schaffen das! Meine Eltern nahmen also Kontakt zu unserer Krankenkasse und zum Pflegedienst in Füssen auf, um mit ihnen den Transport und die dort notwendige Versorgung sowie Pflege zu organisieren. Den Sozialdienst in Murnau, der eigentlich für genau diese Aufgabe zuständig gewesen wäre, konnten meine Eltern von unserem Vorhaben nicht überzeugen. Ferner sprachen sie mit unserem Hausarzt, Dr. Sellmayer, der in unserer Nachbarschaft wohnt.

Als alles abgeklärt war, gingen meine Eltern zu den Ärzten. Besonders Dr. Jan Perras konnten sie für unseren Plan und die Durchführung gewinnen. Es ging dann darum, dass Dr. Perras offiziell erklärte, er befürworte die Entlassung und deren Umstände. Die Überführung sollte aus medizinischen Gründen nicht an einem Mittwoch, Donnerstag oder Freitag erfolgen, sondern zu Beginn einer Woche. Wenn etwas nicht wie vorgesehen verläuft, könnte so eine reibungslose Wiederaufnahme in Murnau gewährleistet werden. Dr. Perras teilte mir seine Gedanken an einem Donnerstag mit. Ich schaute ihn an und wurde ganz still. In meinem Gesicht muss ein Ausdruck gewesen sein, der ihn veranlasste hinzuzufügen:

„Der Entlassungstermin wird sicherlich nicht nächsten Montag oder Dienstag sein!" Meine Antwort war: „Ok, aber dann der übernächste." Er schüttelte den Kopf, aber sagte nicht ausdrücklich nein.

Jahre später moderierte mich Dr. Perras bei einem Vortrag in Murnau an und reflektierte dabei die Zusammenarbeit zwischen dem Ärzteteam, meiner Mutter, meinem Vater und mir. Er sagte: „Mit der Familie Brunner konnte man nichts beschließen, man konnte allenfalls mit ihnen verhandeln." Das stimmt. Wir haben immer alles verhandelt, weil wir unsere Anliegen wie Geschäftsherausforderungen gesehen haben. Deswegen ziehe ich auch heute aus meinen Erfahrungen immer Parallelen zur Wirtschaft. Es ist im Prinzip nichts anderes. Man muss nur den Mechanismus verstehen und darf sich nicht auf die in der Regel hinderlichen Umstände versteifen. Mein Vater gewann dem Ganzen noch eine sportliche Komponente ab. Er sagte: „Felix, das sind alles Seillängen. Das sind Klettertouren. Wir haben jetzt die eine Seillänge geschafft, dann kommt die nächste und so kommen wir dem Gipfel immer ein Stück näher." Seine Worte taten mir extrem gut.

Als Dr. Perras mit mir sprach, sollten es tatsächlich nur noch elf Tage sein, bis ich entlassen wurde. Ein weiteres entscheidendes Etappenziel war also zum Greifen nahe. Meine Schwester Evi, die damals 14 Jahre alt war und mich genauso unterstützt hat wie meine Eltern, bastelte mir eine riesige Sonnenblume. Sie war nicht nur herrlich gelb, sie hatte zehn Blätter. Jedes Blatt stand für einen Tag, der mich meiner Entlassung näher brachte. Diese Blätter konnte man abreißen. Bei jeder Visite konnten Ärzte und Pflegepersonal sehen, dass wieder ein Blatt weniger an der Blume war. Mein Ziel, unser Ziel, wurde durch die Blume visualisiert. In meinen heutigen Vorträgen ist das ein essenzieller Punkt: Die Visualisierung von Zielen, sich ein Bild im Kopf zu malen und es darüber hinaus ebenfalls für andere sichtbar zu machen.

Die Tage gingen vorüber und der ersehnte Moment schien in greifbarer Nähe zu sein. Doch dann bekam ich am Wochenende vor der Entlassung plötzlich Fieber, begleitet von starken Schmerzen im Bauch, die von den Stents herrührten. Außerdem war durch die Spülungen und Blutungen der gesamte Darm vernarbt, die Darmschlingen verklebten sich ineinander. Ich stand kurz vor einem Darmverschluss. Wieder trat eine Schlüsselperson in mein Leben, die meine Mama kurz vorher per Zufall beim Kaffeetrinken kennengelernt hatte. Es war eine Osteopathin, Anja Trietz, aus Murnau. Meine Eltern informierten sie über meinen Zustand. Eilig kam sie herbei, behandelte mich und verhinderte das Schlimmste. Auch später griff sie immer wieder ein und rettete mir mehrfach das Leben.

Ich kam nicht heim. Dr. Perras sagte, dass er es mir sehr gewünscht hätte, endlich nach Hause zu kommen und dass alles organisiert gewesen sei, aber aus medizinischer Sicht wäre die Entlassung durch den Vorfall am Wochenende nicht zu verantworten. Doch es wurde schon nach einem Kompromiss gesucht. Die Zwischenlösung bestand darin, mich ins Krankenhaus nach Füssen zu verlegen. Das war immerhin ein Erfolg – eine neue Umgebung. Denn an dem Tag, an dem das letzte Blatt der Sonnenblume abgerissen wurde, verlegte man mich von Murnau auf die Intensivstation nach Füssen. Füssen war für mich schon fast zu Hause. Nicht nur, weil ich von der Entfernung her schon dicht an Hopferau, meinem Wohnort, war, sondern weil ich das Krankenhaus und das Team durch meine Ausbildung dort kannte. Für mich war das ein großer Schritt nach vorn. Vier Wochen war ich dort, bis ich am 28. November 2009 endgültig nach Hause entlassen wurde. Nach vier oder fünf Tagen zu Hause erwischte es mich nochmals arg. Es kam zu einem Darmverschluss. Ich wurde nach Kaufbeuren gebracht und dort notoperiert. Zur Entlastung meines Bauches legte man mir einen künstlichen Darmausgang. Mit diesem musste ich weitere zwei Monate dortbleiben und wurde schließlich auch damit entlassen.

Jeder Rückschlag, jeder Misserfolg, jede Niederlage hat mich zurückgeworfen. Dennoch gab ich nie auf. Natürlich habe ich diese Kraft durch meine lieben Eltern bekommen, aber auch durch etliche Schlüsselpersonen, die in entscheidenden Momenten in mein Leben getreten sind. In dem Moment, in dem ich meine Situation akzeptierte, sie annahm, war es möglich, die Krise als Chance zu verstehen und neue Ziele zu definieren. Auch wenn diese teilweise unrealistisch waren, so haben sie mich angetrieben und in Bewegung gehalten. Es ging nach vorne. Ich hatte etwas vor, das ich erreichen wollte. Es waren Seillängen auf einer Klettertour, wie mein Vater sagte. Je schwerer der Rückschlag ist, desto mehr Zeit braucht die Akzeptanz. Diese Zeit muss man sich nehmen. Wichtig ist, dass man sie sich nimmt, um die unumkehrbare Situation anzunehmen – gleich ob es sich um einen menschlichen Verlust handelt, einen Konkurs, eine Entlassung, eine Krankheit oder sonstiges Unglück.

Die letztendliche Akzeptanz meines Unfalls, meines dadurch veränderten Lebens auch in Bezug auf die Botschaft, die jener Tag im Januar 2009 mit sich brachte, kam erst im Sommer 2010, als ich das erste Mal zur Reha war.

- Akzeptanz ist elementar zur Verarbeitung von Niederlagen und Rückschlägen, um neue Ziele zu definieren.
- Die Ziele müssen eindeutig sein – ohne Ziel irrt man orientierungslos umher.
- Das Ziel sollte für sich und die Mitmenschen visualisiert werden – ein Bild muss gemalt werden.
- Zum Erreichen eines Ziels wird ein Plan benötigt.
- Zielsetzung und Planerstellung nutzen wenig, wenn die Umsetzung nicht erfolgt.
- Gleich ob körperlich oder geistig, nach Niederlagen immer in Bewegung bleiben.
- In die Überlegungen immer eine oder mehrere alternative Möglichkeiten einbeziehen.
- Auch nach Niederlagen oder Krisen sich etwas Neues trauen.
- Ein weiteres Scheitern oder ein Rückschlag sind möglich, aber auch das ist zu akzeptieren, damit der Blick nach vorn gerichtet bleibt.
- Mut gehört dazu, auch in schwierigen oder sogar gefährlichen Situationen Entscheidungen zu treffen.
- Wichtig ist auch die Fähigkeit, nicht nur sich, sondern auch anderen zu vertrauen – Entscheidungen sind Teamwork!

Kapitel 3

Team: Erfolgreiche Wege geht man gemeinsam

Gleich, ob im Beruf oder im Privatleben – jeder Mensch braucht die Unterstützung anderer. Bei mir war es der Weg zurück ins Leben und in die Normalität, bei der ich merkte: Im Team gelingt vieles einfacher. Unwägbarkeiten werden gemeinsam überwunden und Menschen wachsen über sich hinaus. Jeder braucht mindestens einen an seiner Seite, der ihn unterstützt, fördert und fordert. Es gibt nur wenige Menschen, die von sich aus in der Lage sind, Ziele allein und erfolgreich zu erlangen. Das sind Ausnahmen. Hinter jedem Erfolg steht mehr als eine Person. Reinhold Messner, der Extrembergsteiger, erklimmt zwar oft allein die höchsten Gipfel der Welt. Dennoch – ohne ein Team, das ihn bis zu einem gewissen Punkt begleitet, wäre das nicht möglich. Der bereits verstorbene und als „Superman" bekannt gewordene US-Schauspieler Christopher Reeve ist ein weiteres populäres Beispiel, wie jemand durch die Hilfe eines Teams über sich hinauswachsen kann. Seit einem schweren Reitunfall war Reeve ab dem Halswirbelbereich querschnittsgelähmt und auf medizinisch-technische Apparate angewiesen. Er gab aber nicht auf und versuchte, seinen Gesundheitszustand, soweit es möglich war, zu verbessern und arbeitete auch wieder als Schauspieler. Seine Familie, Freunde und Ärzte waren stets an seiner Seite.

Für mich war – und ist noch heute – der Rückhalt durch meine „Mannschaft" ganz elementar. Ohne meine Familie, die das Kernteam bildete, meine Freunde und im Weiteren die Ärzte, Pfleger und auch Therapeuten, wäre die Rückkehr in die Normalität nicht möglich gewesen. Entscheidend war für mich, dass ich meine Situation, den Rückschlag, akzeptierte. Ich stand vor der Frage: Wie kann ich diese Niederlage annehmen? Wie gelingt mir das einfacher?

Ich gewann recht schnell eine ganz bestimmte Einsicht: Um Resilienz aufbauen zu können, bedarf es der Unterstützung von mehreren vertrauten Personen. Ein funktionierendes Netzwerk gibt Rückhalt. Genauso ist es in der Wirtschaft: Erfährt man einen Rückschlag – ein bedeutender Kunde springt ab, eine Produktionsstraße fällt tagelang aus oder einbrechende Umsätze führen zu einschneidenden Maßnahmen – dann sind diese Situationen leichter zu meistern und zu akzeptieren, wenn man weiß, dass man auf tolle Mitarbeiter oder Kollegen bauen kann. Ein funktionierendes Team macht es leichter, diesen Einschnitt anzunehmen und wieder nach vorne zu schauen.

Mein Vater versuchte oft, mich zu motivieren, damit ich den Blick wieder in die Zukunft richte, wenn ich mental durchhing. Wie ich schon erwähnte, verglich mein Vater meinen Weg mit einer herausfordernden Seilschaft. Er sagte dann zu mir: „Felix, das ist die schwerste Bergtour, die du je wirst meistern müssen. Wir gehen sie gemeinsam und wir machen das Seillänge für Seillänge. Aber mit jedem Meter kommen wir dem Gipfel näher. Schau zurück, wie es vor Monaten war. Du lagst einfach da, angeschlossen an Schläuche und Geräte. Jetzt kannst du schon selbstständig am Bettrand sitzen. Du hast viel geschafft!"

Solche Momente waren für mich enorm wichtig, damit ich mit der Niederlage, die mir widerfahren war, umgehen konnte. Es ist ein bisschen so wie bei einem Todesfall. Man sagt ja, dass das gemeinsame Trauern hilft. Diese Erfahrung habe ich schon einige Male gemacht.

In der Region, in der ich wohne, im ländlichen Allgäu, gehen alle Bewohner eines Dorfes in Schwarz gekleidet in die Kirche, wenn ein Mensch verstorben ist. Gemeinsam wird getrauert, geweint und des Toten gedacht. Nach der Kirche gehen alle zum Grab und geben das letzte Geleit. Anschließend geht es zum Kirchenwirt zum sogenannten Leichenschmaus.

Hinter diesem makaber klingenden Begriff steckt etwas ganz Wichtiges: Es ist ein Ritual, um das Erlebte zu verarbeiten. Dabei passiert Erstaunliches. Die anfängliche traurige und bedrückende Stimmung weicht nach und nach beim Erzählen von Geschichten und fröhlichen Erinnerungen an den Verstorbenen. Da geht es oft wirklich lustig zu. Man trifft Bekannte, die man lange nicht gesehen hat, es wird geredet, es wird gelacht und dabei wird die Gemeinschaft wieder gestärkt. Das hilft sehr, wenn man ein so einschneidendes Ereignis zu verarbeiten hat. So war es auch beim Tod meiner Großeltern, die kurz nacheinander verstorben sind.

Ein Team ist extrem wichtig. Gemeinsam zu siegen ist die eine Sache, aber Einbrüche oder Fehlschläge gemeinsam zu bewältigen gehört ebenso dazu. Dabei zeigt sich, ob die Gruppe auch unter schmerzlichen Umständen zusammenhält. Das lässt sich auf viele Bereiche übertragen: auf die Schule, den Arbeitsplatz, den Sport, das Unternehmen oder auch auf politische Organisationen. Für mich liefert das Bergsteigen immer wieder Beispiele, die auf das Leben im Allgemeinen anwendbar sind. Zahlreiche Gipfel sind nur im Verbund zu erreichen. Sicherlich gibt es ein paar Free-Solo-Kletterer, die es allein schaffen. Aber diese Solisten – und die gibt es in unserer Gesellschaft überall – werden immer an einen Punkt gelangen, an dem sie nicht weiterkommen. Eine Seilschaft mit verschiedenen Fähigkeiten kommt über diese Grenze hinaus. Das gemeinschaftliche Überwinden von Schwierigkeiten sorgt außerdem dafür, dass ein Team stark wird. Teamwork bedeutet auch, Hilfe annehmen zu dürfen.

Nicht nur das Erreichen von Zielen im Kollektiv spielt eine Rolle, sondern auch der Umgang mit den Teamkollegen, den Mitmenschen, ist ausschlaggebend. Der Schlüssel, warum eine Crew funktioniert und erfolgreich ist, ist die Gegenseitigkeit. Jeder muss seinen Beitrag für Gemeinschaft oder Gesellschaft leisten und sich einbringen, sonst läuft es nicht. Ich vergleiche dieses Zusammenspiel mit einer Waage, an deren Ende sich zwei Körbe mit Äpfeln befinden, die in Balance gehalten werden soll. Wird aus dem einem Korb ein Apfel entnommen, erfordert das Beibehalten des Gleichgewichts, dass wieder etwas hinzukommt. Übertrage ich dieses Bild auf das Menschliche, so bedeutet das: Man sollte seinen Mitmenschen etwas geben, bevor man irgendetwas erwartet. Das wird beim Teamwork häufiger vergessen. Ich habe für mich selbst die Erfahrung gemacht und auch oft bei anderen beobachtet, dass man von seinen Mitmenschen genau das wieder zurückbekommt, was man bereit war zu geben. Sie sind der perfekte Spiegel. Will man also wissen, wie das eigene Verhalten aussieht, muss man nur das eigene Umfeld genauer betrachten. Vorausgesetzt, man ist dann auch ehrlich zu sich selbst und kann das Verhalten deuten, ergeben sich aufschlussreiche Antworten.

Machen Sie einen kleinen Test: Jeder kennt einen Miesepeter in seiner Umgebung. Das kann im Bekanntenkreis sein, ein Kollege im Betrieb oder der Kamerad im Sportverein. Beim Miesepeter klingelt der Wecker am Morgen und bereits beim Aufstehen ist alles „scheiße" um ihn herum. Das setzt sich im weiteren Tagesverlauf fort. Er macht seine Frau dafür verantwortlich, dass das Frühstücksei nicht weich, sondern hart ist, es nervt ihn der Nachbar, weil dieser die Mülltonnen falsch an der Straße abgestellt hat, die Zeitung vor der Tür ist vom Regen nass geworden und das Vogelgezwitscher am Morgen ist zu laut. Solche Menschen fluchen permanent. Mit dieser schlechten Stimmung, ja dieser schlechten Einstellung der Umwelt gegenüber starten sie dann in den Tag. Nun stellen Sie sich vor, dieser Mann ist Lehrer, Abteilungsleiter oder Manager. Was bekommt er wohl von seinem Umfeld, seinen Schülern, Mitarbeitern und Kunden zurück? Aller Wahrscheinlichkeit nach wird ihm Abneigung entgegenschlagen. Wie man bei uns im Allgäu sagt: Er findet sich nirgendwo anders wieder als hinter einem Fass voller Gülle. Dieses Beispiel zeigt, dass jeder für sich, sein Verhalten und wie er mit seinen Mitmenschen umgeht, selbst verantwortlich ist. Das gilt besonders für den Umgang miteinander in einem Team.

So wie ich Hilfe von anderen erfuhr, versuche ich selbst ebenfalls nach Möglichkeit, anderen wieder etwas zurückzugeben. Was ich aus dem imaginären Korb bekomme, also entnehme, lege ich an anderer Stelle wieder hinein. Für mich spielt in diesem Zusammenhang die Bergwacht eine besonders große Rolle. Neben Kameradschaft, dem Wissen, ein Teil eines Teams zu sein, gemeinsam zu üben, aber auch zu feiern, besteht die Verpflichtung, anderen in Not zu helfen. Das bezieht sich keineswegs nur auf die Kameraden, sondern ist ein Dienst an der und für die Gemeinschaft.

Was Zusammenhalt bedeutet, erfuhr ich schon früh durch meine Familie. Auf unseren Touren waren wir immer eine Gemeinschaft. Auch wenn jeder am Berg den Weg für sich geht, so geschieht das zusammen – das Ziel ist das gleiche. Mannschaftssport wie Basketball oder Fußball war zwar nie meine Sache, trotzdem war ich oft Teil einer Mannschaft wie in der Ski-Equipe des Sportvereins. Viele halten Skifahren für eine Einzelsportart. Das ist es jedoch nicht. Man trainiert mit der Mannschaft, bereitet sich gemeinsam vor und man hält zusammen. Nur für die eine Strecke im Rennen ist man auf sich allein gestellt. „Team" war für mich nie nur ein leerer Begriff, sondern hat mir immer etwas bedeutet. Meine Erfahrungen in der Bergwacht haben sowohl mein Bewusstsein, den Blickwickel, als auch die Einstellung zum Teamwork erweitert. Hier ist mir klar geworden, dass ein zusammenarbeitender Verbund viele Facetten beinhaltet: Denn Mitglied bei der Bergwacht zu sein, bedeutet weitaus mehr als nur die Rettungseinsätze.

Die Beziehung zwischen den Mitgliedern einer bestimmten Gruppe kann entweder eher emotional oder eher rational geprägt sein. Der Bergsport eignet sich immer wieder als Beispiel, weil es gerade hier auf Teamwork ankommt und damit auf das Zusammenwirken seiner einzelnen Mitglieder – die Aktionen der Freestyle-Solisten einmal bewusst ausgeklammert. Immer wieder ereignen sich tragische Unfälle selbst bei professionellen Expeditionen mit teilweise hervorragenden Alpinisten. Die Achttausender dieser Erde sind einigen von ihnen zum Verhängnis geworden. Die Lager in Höhen von über 7000 Metern sind der letzte Stützpunkt, um zu entscheiden: Gipfelsturm oder Umkehr? Hier kommt es wirklich auf die Gruppe an. Wenn kein Kontakt zum Basislager gehalten werden kann, müssen die Männer und Frauen in diesen lebensfeindlichen Höhen auf sich gestellt, in der Gruppe, entscheiden, was sie machen wollen. Nicht ungewöhnlich ist, dass ein Teil des Teams im Lager zurückbleibt, während zwei bis drei den besten Aufstieg zum Gipfel erkunden. Die möglichen Routen sind bestenfalls bekannt, aber nur selten ausgebaut. Und die Wege verändern sich mit der Wetterlage. Wenn man so will, betreten Bergsteiger bei solchen Expeditionen immer Neuland. Per Funk sind die „Kundschafter" mit ihren Kameraden verbunden und melden Schneehöhen, Eis, Lawinengefahr, Steilheit der Wände und mögliche Passagen. Nach der Rückkehr ins Lager wird besprochen, wie der Gipfelsturm erfolgen soll. Die Lage ändert sich, wenn die Wetterlage wechselhaft und instabil ist. Ein Wettersturz kann alle Pläne zunichtemachen. Dann heißt es entweder abwarten oder gar absteigen – und das, obwohl solche Expeditionen sehr kostspielig sind, von monate-, wenn nicht gar jahrelanger Vorbereitungszeit einmal ganz abgesehen. Fatal ist, wenn bei solchen Umständen die Teammitglieder unterschiedliche Persönlichkeiten aufweisen: Die Emotionalen, die ihrem Bauchgefühl folgen und die Rationalen, die die Sache eher faktisch angehen. Im Wort T.E.A.M. fehlt ein Buchstabe – das „I" für ich. Einzelgänger sind getrieben von der Idee, das Ziel zu erreichen, koste es, was es wolle. Oft genug enden rein vom Ehrgeiz getriebene Entscheidungen beim Bergsteigen tödlich. Häufig ist es die bessere Entscheidung, auf sein Bauchgefühl zu hören, auch wenn dann das eigentliche Ziel nicht erreicht wird.

Neben dem Umgang miteinander ist das Vertrauen eine weitere Komponente, die Teamfähigkeit auszeichnet. Jeder Mensch ist ein Individuum, mit seiner eigenen Art, seinen Gewohnheiten und natürlich mit seinen speziellen Fähigkeiten. Das bedeutet, jeder Mensch kann etwas besonders gut. Für jeden Gruppenleiter liegt die große Herausforderung – gar Kunst – darin, das nötige Vertrauen in die Mitmenschen aufzubringen, damit jeder sein Potenzial bestmöglich ausüben kann. Kann jedes Glied dieser Gemeinschaftskette seine individuellen Fähigkeiten einbringen, dann sind solche Teams faktisch unschlagbar. Beim Bergsteigen gibt es Touren, da kommt es genau auf dieses Zusammenspiel und Vertrauen an.

Mit meinem Freund Philipp war ich an einem Berg unterwegs. Ich war derjenige, der vorstieg. An einem für mich kritischen Punkt sagte ich zu Philipp: „Steig du vorweg. Du hast mehr Kraft und Ausdauer, die wir für diese Passage brauchen." Ab der nächsten Seillänge waren wieder meine Fähigkeiten gefragt, weil es mehr um Klettertechnik ging. Wir hatten also eine ganz klare Aufgabenverteilung, statt unsere Egos gegeneinander auszuspielen. Eine egoistische Einstellung gefährdet nicht nur das eigene Leben, sondern gleich das der ganzen Gruppe mit. Es gehört Akzeptanz dazu, zu erkennen, dass man bestimmte Dinge besonders gut kann, aber in anderen Punkten Teamkollegen qualifizierter sind als man selbst. Das hinzunehmen und danach zu handeln macht das Vertrauen in den Verbund aus.

Auswirkungen auf den Teamgeist hat auch, wie Entscheidungen innerhalb der Gruppe getroffen werden. Es ist immer wieder zu beobachten, wie kleinere mittelständische Unternehmen, die oft in ländlichen Regionen anzutreffen sind, gemessen an ihrer Betriebsgröße riesige Projekte annehmen. Solche Aufgaben sind für eine Firma auf der einen Seite von enormer wirtschaftlicher Bedeutung, aber sie bergen natürlich auch zahlreiche Risiken. Das Gelingen hängt vom Zusammenspiel aller Beteiligten im Unternehmen ab – ähnlich wie im Beispiel der alpinen Expeditionen.

Während bei solchen Aufträgen in der Firmenleitung häufig Freude und Optimismus vorherrschen, verbreiten sich unter den Angestellten eher Zweifel und Ängste, ob diese Herausforderung fachlich oder terminlich überhaupt zu meistern ist. Manchmal wird sogar offen über das Vorgehen gestritten. Das sind ungute Vorzeichen, denn ein Team bildet das Fundament eines Unternehmens. Ist dieses nun aufgrund von Uneinigkeit oder Unstimmigkeiten porös, wird der Überbau, der auf einem solchen Fundament ruht, instabil und bricht schlimmstenfalls zusammen. Kommt es bei diesen großen Projekten jedoch zu Verzögerungen und nur zur bedingten Erfüllung, kann das für solche Betriebe katastrophale Folgen haben. Die Führung übersieht bei rational gelenkten Gedanken, die rein auf die wirtschaftlichen Ziele gerichtet sind, die emotionalen Notwendigkeiten, die es braucht, damit das Team die Umsetzung der gesetzten Ziele gemeinsam erarbeiten kann. Die Voraussetzung für zufriedene Kunden sind ausgeglichene Mitarbeiter, die wiederum durch ihre Familien gestützt werden. Das Kollektiv – bestehend aus Führung, Belegschaft und privatem Umfeld – bestimmt den Gemütszustand des Unternehmens und spiegelt, wie der Laden läuft.

Auf meinem schweren Weg war es von enormer Bedeutung, wie mein persönliches Team zusammenspielte. Sowohl meine Eltern als auch ich haben als Grundvoraussetzung immer ein gemeinsames Ziel gehabt: den optimalen Heilungsverlauf und die Genesung. Wir legten jedes Mal, wenn wieder eine Verlegung auf die Intensivstation bevorstand, eine positive Einstellung an den Tag. Zweifel gab es nicht. Selbst wenn die Vorzeichen vor einer OP oder einer Verlegung äußerst ungünstig waren – man kann auch sagen: negative Energie in der Luft lag – sind meine Eltern stark und entschlossen der bevorstehenden Situation entgegengetreten. Das hat unsere kleine eingeschworene Mannschaft ausgezeichnet. Das Fundament stimmte. Natürlich erweiterte sich unser Team „Familie" immer um verschiedene andere beteiligte Personen. Aber auch bei diesen spielten

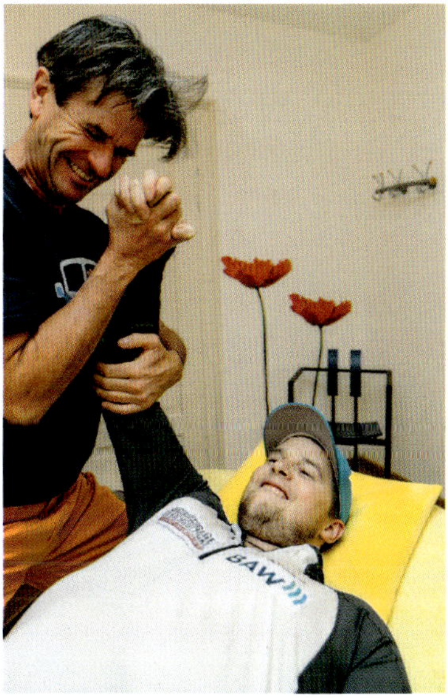

Training mit Jeroen, Felix' langjährigem Physiotherapeuten und Freund, nach seiner Schulterverletzung beim Skifahren 2016

Mit Freunden auf den Tegelberg: Erster Ausflug nach dem Unfall Juni 2010

Vertrauen und der Umgang mit- und untereinander eine wesentliche Rolle. Es gab schließlich nur zwei Möglichkeiten: Entweder man stellt sich quer oder man arbeitet mit den Ärzten und Pflegern zusammen. Entsprechend wird die Teamarbeit beeinflusst. Die stets zuversichtliche Einstellung meiner Eltern übertrug sich auf alle und gab letztlich meinem Genesungsverlauf den entscheidenden Schub in eine positive Richtung.

Welchen Einfluss die eigene Einstellung und das Vertrauen haben können, zeigt meine Situation im Krankenhaus Kaufbeuren: Dorthin wurde ich nach nur fünftägigem Aufenthalt zu Hause zur Not-OP eingeliefert, da es zu einem lebensbedrohlichen Darmverschluss kam. Die Chancen standen 50/50, dass ich es schaffen würde. Kurz vor dem Eingriff nahm meine Mutter in ihrer unerschütterlichen Art den verantwortlichen Arzt, Dr. Horling, in den Arm und sagte zu ihm: „Sie schaffen das. Wir haben absolutes Vertrauen zu Ihnen!" Das Team „Familie" wurde somit für diesen Fall um eine wichtige Person erweitert, die mir das Weiterleben ermöglichte.

Meine Freunde spielten selbstverständlich ebenfalls eine tragende Rolle. In unterschiedlichen Zusammensetzungen ergänzten sie meinen Verbund und waren die ganze Zeit über für mich da. Wie sehr dieser Zusammenhalt und gemeinschaftliche Gedanke uns verband, zeigte sich, als ich wieder zu Hause war: Eines Tages kamen sie vorbei. Vor der Tür stand ein alter VW-Bus. Sie packten mich mitsamt meinem Pflegerollstuhl und schoben mich in den Wagen. Damit ich genügend Platz hatte, war die Rückbank entfernt worden. Mit Haltegurten fixierten sie meinen Rollstuhl im Bus, was alles andere als einem erlaubten Pflegetransport entsprach. Sie fuhren mit mir zum Tegelberg. Damit war es noch nicht genug, denn das eigentliche Ziel war das Tegelberghaus, das gute 80 Höhenmeter tiefer liegt. Ein Bergwachtkollege war dort der Hüttenwirt. Auch eine Krankenschwester, Maria Streif, war bei diesem Ausflug dabei. Sie hatte ein waches Auge auf uns und die benötigten Medikamente bei sich. Ich musste wegen meines künstlichen Darmausgangs ja auch ständig versorgt werden.

Trotzdem war dieser Ausflug ein Highlight für mich. Ein Gewinn von Lebensqualität, ein Aufatmen nach den vielen Monaten in Krankenhäusern und eine Motivation dranzubleiben. Es waren die ersten Schritte zurück in ein eigenständiges Leben. Endlich war ich wieder draußen im Sommer, in der Natur, inmitten der Berge. Ohne ein solches Team, diesen Zusammenhalt, wären diese schönen Momente nicht möglich gewesen. Ich kann wirklich dankbar sein, dass ich einen absolut tollen Freundeskreis habe. Vielleicht liegt es daran, dass wir durch die Bergwacht und den Alpenverein geprägt sind. Es funktioniert zwischen uns seit Jahren so gut, weil die Freundschaft, die uns verbindet, an keine Bedingung geknüpft ist.

Ganz im Gegensatz dazu stand die Erfahrung, die ich am Tag meines schweren Unfalls machen musste. Das Team, mit dem ich damals die Eisklettertour unternahm, war keine Einheit. Es gab zu viele Misstöne im Vorfeld, die zu Spannungen führten. Erst brachen wir zu spät auf, dann diskutierten wir noch während der Fahrt, wo wir klettern wollten. Dass wir uns auf eine Tour einigten, war eher ein Kompromiss. Die schlechte Stimmung beim Aufstieg, das Gerede beim Klettern und eigentlich auch die fehlende Freude an der Tour daran führten dazu, dass ich beim Abstieg nicht bei der Sache war, sondern mich schon auf meine wirklichen Freunde freute. Es gab kein Fundament für einen gelungenen Tag, stattdessen gab es Zweifel an den Fähigkeiten des Teams und nur bedingtes Vertrauen untereinander – meine eigene Haltung inklusive. Ich wollte an diesem Tag einfach unbedingt im Eis klettern. Das war mein Ziel, was es galt, einzuhalten. Ich hatte mein Denken nur auf eine Sache ausgerichtet: Der lange Schichtdienst war zu Ende, ich wollte mich mit der Klettertour belohnen, das Wetter spielte mit, die Bedingungen waren optimal und ich hatte endlich frei.

Dabei überhörte ich mein Bauchgefühl, das mir eher zum Auslassen der Tour riet.

Beide Beispiele, das von der Berghütte und das beim Eisklettern, zeigen, wie unterschiedlich Gruppen oder Mannschaften sein können, wie die Harmonie, das Vertrauen und die Fähigkeiten in der Gemeinschaft das Ergebnis beeinflussen. Meine Mutter, mein Vater, meine Schwester und ich waren ohnehin schon eine Einheit. Je nach Situation oder Umständen erweiterte sich unser Familienverbund – sei es durch Freunde, die Ärzte, das Krankenhauspersonal oder Personen, die mich bei Schlüsselerlebnissen begleiteten. Die Aufnahme in ein Team ist nur möglich, wenn man selbst dafür offen ist. Ohne die Bereitschaft, andere an einer Gruppe teilhaben zu lassen, haben Neue keine Chance, sich zu integrieren.

Als ich damals durch unseren Bekannten Ossi zur Bergwacht kam, kannte ich außer ihm und zwei bis drei anderen niemanden. Mein erster Auftritt dort sorgt noch heute für Gelächter. Bei meiner Vorstellungsrede stand meine Hose weit offen, was natürlich jeden amüsierte. Statt peinlichem Schweigen kam nach dem offiziellen Teil Florian auf mich zu und sprach mich an. Ihn kannte ich ganz flüchtig von anderen Veranstaltungen. Er sagte zu mir: „Hey Faxe [mein Spitzname] – ein paar Kameraden und ich treffen uns immer mittwochs zum Klettern. Das hat nichts mit der Bergwacht zu tun. Das ist einfach zum Spaß. Willst du vorbeikommen?“

So wurde ich in die Gemeinschaft aufgenommen und konnte mich darin weiterentwickeln. Das geschah völlig unvoreingenommen, weil ich einfach nur dabei war.

In der Geschäftswelt dagegen wird noch immer der Fehler gemacht, dass neuen Mitarbeitern keine Zeit gegeben wird, sich zu entfalten. Per Stellenausschreibung sucht ein Unternehmen zur Verstärkung seines Teams einen qualifizierten neuen Mitarbeiter. Im Auswahlverfahren wird sichergestellt, dass der Kandidat den Vorstellungen der Personalabteilung entspricht. Fachlich ist alles perfekt. Der neue Kollege passt zu den Anforderungen der ausgeschriebenen Stelle. Doch dann kommt es darauf an, ob der Mitarbeiter menschlich – also unvoreingenommen – in die Gemeinschaft aufgenommen wird und schließlich, ob ihm Zeit gegeben wird, seine Fähigkeiten zu entfalten, damit das Ziel, das Team zu ergänzen und zu verstärken, erreicht wird. Hakt es an einer dieser Stellen, kommen Zweifel auf, das Vertrauen sinkt und in Folge kann sich der Umgang miteinander ebenfalls negativ entwickeln. Das Fundament, auf dem die gemeinsame Leistung aufgebaut sein sollte, bekommt Risse.

Eine Gruppe, egal wie groß, gleich welcher Altersklassen oder unterschiedlicher Fähigkeiten unterliegt immer einer Dynamik und einem Prozess. Es kommt auf die einzelnen Mitglieder der Gruppe an und darauf, wie sich der Teamgeist gestaltet und ob die Zusammenarbeit negativ oder positiv verläuft. Neid, Misstrauen, Zweifel und Streit werden in jeder Gruppe zum Sprengstoff. Vertrauen, Offenheit und eine positive Einstellung bilden dagegen ein solides Fundament, auf das man bauen kann. Eine harmonische, erfolgreiche Gemeinschaft oder Gruppe ist auch in der Lage, Rückschläge zu verarbeiten, sie zu akzeptieren und sich wieder neu und gestärkt auszurichten. Ich bin überzeugt: Ohne mein Team würde ich heute nicht mehr leben und könnte meine Träume nicht realisieren.

- Ein Team ist eine Gruppe von Menschen, die zusammenkommen oder zusammengebracht werden, um in Kooperation bei aufgeteilter Verantwortung ein gemeinsames Ziel zu erreichen.
- Jeder braucht ein Team – egal ob in der Politik, der Wirtschaft, im Sport oder im privaten Leben.
- Solisten – seien sie auch noch so gut in ihrem Bereich – stoßen mit Sicherheit irgendwann an Grenzen, die nur im Team zu überwinden sind.
- Egoisten und Selbstdarsteller haben in einer Mannschaft keinen Platz.
- Regelmäßige Treffen – oder Meetings im Geschäftsleben – dienen der Planung, der Entscheidung, der Reflexion, dem Feedback und der Problemlösung.
- Eine gemeinsame Zielsetzung formulieren.
- Eine klare Definition von Rollen innerhalb des Teams ist wichtig, damit jeder weiß, was er zu tun hat und welche Fähigkeiten die anderen Mitglieder der Gruppe haben.
- Feedbacks können individuell oder im Kollektiv erfolgen. Wichtig dabei ist, dass das Team eingebunden wird.
- Gemeinsam siegen ist schön, aber auch Niederlagen müssen gemeinsam verarbeitet werden. Resilienz wird durch ein Team gestärkt.
- Offenheit und Vertrauen zeichnen ein funktionierendes Team aus. Sie sind Grundvoraussetzung, damit Teams ergänzt und neue Mitglieder eingebunden werden können.
- Der Umgang untereinander entscheidet über das Zusammenspiel.
- Neben der rationalen ist auch die emotionale Ebene bei Entscheidungen und geplanten Projekten zu prüfen: Was sagt das Bauchgefühl?

Merke: Verunsicherung, Neid, Misstrauen, Zweifel und Streit sind der Feind eines jeden Teams.

Kapitel 4

Achtsamkeit ist der Kitt zwischen emotionalem Denken und Handeln

In unser schnelllebigen Zeit wird Achtsamkeit scheinbar immer mehr zum Thema: „Achte auf deine Gesundheit!“, „Gehe achtsam mit deinen Ressourcen um!“ oder „Achtsamer Umgang mit den Kollegen fördert den Teamgeist!“, lauten die Empfehlungen von Experten oder Tipps von Freunden und Familie. Dennoch bewegen wir uns im Galopp – alles muss immer schneller gehen. Wir haben immer weniger Zeit für immer mehr Aufgaben.

Das Ergebnis ist widersprüchlich: Wir machen Speed-Wellness am Wochenende, bestellen uns via App Slowfood, hören Entspannungsübungen während der Autofahrt bei Tempo 200 auf der Autobahn oder brauchen medikamentöse Unterstützung für einen tiefen, „gesunden“ Schlaf, um nur ein paar Beispiele aus dem Alltag zu nennen. Fakt ist, wir wollen alles gleichzeitig – aber bitte ohne Nebenwirkungen. Lässt sich das überhaupt miteinander vereinbaren? Haben wir verlernt, bewusst innezuhalten? Wissen wir überhaupt noch, was „Achtsamkeit“ bedeutet? Was passiert mit uns, wenn wir wie im Schnelldurchlauf leben?

Wenn man wie ich viele Monate im Krankenhaus verbringt, hat man viel Zeit, sich selbst, seine Umwelt und das Leben generell zu betrachten. Zeit hat auf einer Krankenstation eine andere Bedeutung. Sie wird entzerrt, man könnte auch sagen: gedehnt. Gerade wenn man lange Zeit im Koma liegt. Ein Alltag findet nicht statt – Tage, ja mehrere Monate fehlen. Man kämpft mit dem Leben – oder dem Tod. In einem solchen Fall verschieben sich die Perspektiven und man bekommt zwangsläufig einen anderen Zugang zu den Dingen. Wesentliche Aspekte, die das Leben ausmachen, gewinnen an Bedeutung. Oder vielleicht sollte ich besser sagen: Sie werden wieder klar erkennbar, weil wir sie durch Übermaß und Schnelligkeit des Alltagslebens aus den Augen verloren haben. Wir agieren nicht mehr, sondern *re*-agieren nur noch. Damit leben wir aber auch unsere Emotionen nicht mehr aus – wir haben einfach keine Gelegenheit mehr dazu. Auf einen Impuls folgt der nächste.

Während ich in meiner Zeit im Krankenhaus also vieles reflektierte und hinterfragte, wurde mir bewusst, dass wir durch dieses Tempo unser emotionales Denken begrenzen. Dieses emotionale Denken ist jedoch der Schlüssel, um sich selbst zu hinterfragen und auch etwas kritisch zu betrachten. Genau in dieser Gedankenebene liegt die Basis der Achtsamkeit. Das emotionale Denken ermöglicht die Auseinandersetzung mit sich selbst. Man betrachtet sich, seine Gedanken, sein Handeln und seine Gefühle dabei genauer. Ich achte auf mich.

Das klingt etwas abstrakt, lässt sich aber an zwei einfachen Beispielen verdeutlichen. Es ist ein schöner, sonniger Sommertag. Ihnen kommt der Gedanke, sich ein leckeres Eis zu kaufen. Merken Sie, was mit Ihnen schon beim Lesen dieser zwei Sätze passiert? Vermutlich werden schöne Emotionen frei. Nun setzen Sie diesen Gedanken um und kaufen sich Ihr Lieblingseis. Aus Ihrer Erfahrung wissen Sie, was passiert: Sie erleben jetzt Ihre Gedanken ganz real. Durch das Erleben können sich die Emotionen voll entfalten.

Oder stellen Sie sich vor, sie müssen dringend zu einem Geschäftstermin. Sie wollen mit der Bahn fahren. Sie kommen am Bahnhof an, der Bahnsteig ist voller Reisender. Was geschieht mit Ihnen jetzt? Viele von Ihnen werden bei diesem Gedanken schon unruhig. Stellen Sie sich weiter vor, eine Verspätung wird angekündigt und als der Zug endlich einfährt, sehen Sie, wie übervoll die Waggons sind. Ich bin mir sicher, dieses Bild erzeugt keine guten Gefühle bei Ihnen, sondern eher negative. Bei beiden Beispielen haben Sie eben achtsam – bewusst – Ihr Innerstes wahrgenommen, da Sie sich Zeit genommen haben. Wie sieht es aber im Alltag aus?

Jeder Mensch, ob Kind, Jugendlicher oder Erwachsener, ob Student, Hausmann oder Managerin, hat nur 100 Prozent Leistung pro Tag zur Verfügung. Mehr als dieses Limit geht nicht. Es verhält sich wie bei einer Maschine oder einem Auto. Wenn Ihr Fahrzeug 150 PS hat, dann werden Sie nicht durch das Durchdrücken des Gaspedals auf 170 PS kommen. Was steigt, sind die Geschwindigkeit und der Verbrauch und je höher der Verbrauch, desto eher erschöpft sich die Reichweite. Beim Menschen ist das ebenso. Und trotzdem, obwohl uns dieser Umstand doch eigentlich einleuchtet, verhalten wir uns im Alltag meist genauso: Immer auf die Tube drücken, denn viel hilft schließlich viel – oder? Sehen wir uns mal einen typischen Tag einer Managerin an. Die meisten von Ihnen, ganz egal, was Ihr Beruf ist, werden sich hier wiedererkennen.

Frau Müller lebt mit ihrem Mann und ihren zwei schulpflichtigen Kindern in einem kleinen Dorf am Rande einer Metropole. Frau Müller ist Managerin eines Pharmakonzerns, Herr Müller ist selbstständig und hat sein Büro in der Stadt. Da die Kinder morgens mit dem Bus zur Schule in die Nachbargemeinde fahren müssen, stehen die Müllers um 5.30 Uhr auf. Die Familie hat eine gute Stunde, um sich für den Tag vorzubereiten. Trotz Gleitzeit fährt Frau Müller zeitgleich mit den Kindern zur Arbeit, weil sie nicht in die Stoßzeit des Berufsverkehrs kommen möchte. Kaum im Büro angekommen, geht die Routine los: Mails, Telefonate, Meetings, zwischendurch per WhatsApp mit den Kindern kommunizieren, Termin mit Kunden, das Abendessen der Familie mit dem Mann absprechen, wieder Meetings, letzte Telefonate, rasch die Sachen besorgen, die der Ehemann nicht bekommen hat, ins Auto, Stau – dann endlich daheim. Doch noch immer hat Frau Müller nicht Feierabend. Es folgt das Essen, kurz die

Hausaufgaben der Kinder kontrollieren, anschließend wird mit einer Freundin telefoniert und noch schnell auf ein Glas Wein verabredet. Schließlich ist es 22 Uhr. Mit dem Mann wird noch kurz über den Tag gesprochen. Gegen 22.45 Uhr geht das Licht aus. Es war ein ganz normaler Tag. Und wie viel Energie haben Sie?

Mein Tagesablauf ist um einiges anstrengender. Nicht, weil meine Verpflichtungen umfangreicher sind. Ich brauche aufgrund der Tatsache, dass ich an den Rollstuhl gebunden bin, für alles länger. Das fängt beim Aufstehen an, geht über das Bad, das Anziehen, Frühstück, ins Auto einsteigen, die Suche nach einem geeigneten Parkplatz, das Meistern von banalen Hindernissen wie Treppen und hört mit dem Zubettgehen auf. Das schließt den Sport und das dafür erforderliche Training natürlich ein. Für alles brauche ich etwas mehr Zeit und habe ebenfalls nur 100 Prozent Leistung zur Verfügung.

Damit jeder sein Tagespensum schaffen kann, muss man sich seine Energie einteilen. Pausen sind nötig, um sich psychisch wie physisch zu regenerieren. Zwar kann der Mensch rein theoretisch 100 Prozent Leistung geben, aber praktisch liegt sein maximales Leistungsniveau bei ungefähr 80 Prozent. Die restlichen 20 Prozent sind eine Art biologische Reserve. Diese Reserve ist von der Natur vorgesehen, damit der Mensch in extremen Situationen überleben kann. Zeitweilig kann man sie anzapfen, aber dauerhaft ist das nicht möglich. Eine ständige Überlastung im normalen Maximalbereich – oder gar der Reserve – führt letzten Endes dazu, dass der Mensch körperlich und mental irgendwann zusammenbricht. Es müsste also in unserem eigenen Interesse liegen, achtsam zu sein, auf uns zu achten.

Das bedingt jedoch Zeit, denn Achtsamkeit beinhaltet viele Aspekte, die wiederum Schlüssel für unser Denken und Handeln sind. Diese Zeit sollten wir uns nehmen, denn das betrifft unser eigenes Leben, aber auch das Zusammenspiel mit anderen Menschen. Dazu muss ich jedoch wissen: Wer bin ich? Was kann ich, was möchte ich, wann ist etwas genug für mich? Und wann reicht es mir?

Anders ausgedrückt: Was kann ich besonders gut, was sind meine Schwächen, was kann ich mir leisten, wo liegt mein Limit und wo überschreite ich meine Grenzen? Um diese wesentlichen Fragen zu beantworten, ist neben dem Willen zur Auseinandersetzung mit sich selbst Ehrlichkeit eine Voraussetzung. Das bedeutet wiederum, dass man diese Erkenntnisse nicht nur hat, sondern annimmt und umsetzt – sie akzeptiert. „Ich bin so, wie ich bin – mit meinen Stärken und Schwächen!" Für meine Leistungen am Tage steht mir nur ein gewisses Kontingent zu Verfügung. Mehr geht nicht. Habe ich diese Einsicht gewonnen, so fällt es mir leichter, meinen Aufgaben nachzukommen, sei es meinem Auftraggeber, meiner Firma, meiner Familie und letzten Endes auch mir selbst gegenüber. Diese Reflexion fällt den meisten Menschen schwer und wird fast unmöglich, je mehr Aufgaben und Tempo im Alltag wir uns selbst auferlegen.

Durch meinen langen Weg zurück ins normale Leben ist mir bewusst geworden, dass viele Menschen dazu neigen, bei sich eher die Schwächen zu sehen, als das, was sie auszeichnet. Die Quintessenz vieler Gespräche zeigte, dass es sich bei einer Reflexion in der Regel um negative Aspekte drehte: Momentan läuft gar nichts; gern würde ich etwas ändern, aber ich habe die Zeit nicht; ich bin der, der gekündigt wird; ich habe die Kinder am Hals und komme nicht weiter; mir geht es schlecht, daher laufe ich meinen Zielen hinterher; und so weiter. Diese Argumente haben den Unterton: „Ich bin ein Verlierer!" Trotzdem gibt es kein dauerhaftes Negativ. Jeder, wirklich jeder Mensch, hat Stärken. Selbst wenn man zeitweilig meint, dass Schwächen überwiegen, sind doch Stärken vorhanden.

Eine Methode, die bei der Eigenbetrachtung hilfreich ist, baut auf dem McKinsey-Portfolio-Analyse-Prinzip auf: „Eliminiere deine Schwächen und setze auf deine Stärken." Ich behaupte, dass jede vermeintliche Schwäche durch eine Stärke ausgeglichen wird – oder gar eine Stärke ist! Das zu erkennen bedingt jedoch wieder die schon angesprochene ehrliche Reflexion. Man muss diesen Aspekt nur genauer betrachten und dann auch akzeptieren: Eine Schwäche sollte unbedingt auch unter einem anderen Blickwinkel betrachtet werden, um aus der negativen Gedankenwelt zu entkommen.

Bei mir war dieser Punkt gekommen, als ich einsehen musste: Ich werde nicht wieder mit meinen eigenen Beinen gehen können. Aus dieser Akzeptanz habe ich schließlich meine Stärken aufgebaut – vielleicht sogar einige neu entdeckt. Denn: Ich bin ein wahnsinnig ungeduldiger Sturkopf, der selbst bestimmen möchte, wo es langgeht. Gemeinhin wird eine solche Sturheit als eine Schwäche angesehen, ein solcher Charakterzug von der Umwelt meist als nervig empfunden. Jedoch hat sich diese Schwäche im Krankenhaus als vorteilhaft erwiesen. Wenn Entscheidungen gefällt werden mussten, hieß es bei den Ärzten oft: „Mit Felix und seiner Familie kann man nichts beschließen, man kann allenfalls etwas verhandeln." Das betraf das Absetzen von Medikamenten, Möglichkeiten, sich schon etwas zu bewegen, obwohl eigentlich noch strikte Bettruhe angedacht war, bis hin zur Verlegung vom Krankenhaus nach Hause. Meine Sturheit trieb mich an, den nächsten Schritt zu erreichen und endlich wieder gesund zu werden. Man kann aber genauso gut sagen, es sei Willenskraft gewesen, die mich so weit gebracht hat. Sie sehen, da ist ein Unterschied!

Ein anderes Beispiel dazu: Der Fußballspieler Cristiano Ronaldo gilt als ziemlich arrogant. Diese Eigenschaft wird oft als Schwäche angesehen und arrogante Menschen sind nicht gerade beliebt. Es gibt verschiedene Faktoren, warum ein Mensch sich so gibt. Da ich Ronaldo nicht persönlich kenne, kann ich nur vermuten, dass er sich mit seiner Arroganz eine Art Schutzpanzer zugelegt hat. Der Druck auf ihn, auf seinen spielerischen Erfolg, ist enorm. Es kann durchaus sein, dass er diesen Druck mit Arroganz kompensiert, er treibt sich selbst zu immer größeren Leistungen – ganz nach dem Motto: „Ihr denkt, ich bin arrogant? Ich habe ja auch Grund dazu, denn ich BIN der Beste!" Am Ende gibt der Erfolg ihm recht.

Wie man es auch betrachten mag: Stärken oder Schwächen haben immer etwas mit der Auseinandersetzung mit sich selbst zu tun und damit ebenso mit dem Thema Achtsamkeit. In meinen Vorträgen beginne Ich dieses Thema in der Regel mit drei Fragen und bitte um Handzeichen: Haben Sie Ziele – egal, ob beruflich, privat oder sportlich? Glauben Sie, dass Sie diese Ziele erreichen können? Und: Denken Sie, dass Sie sexy sind?

Was glauben Sie, wie die Reaktionen ausfallen? Bei der ersten Frage gibt es reichlich Handzeichen, mit der zweiten Frage schon weniger. Bei der dritten Frage gibt es nur selten Leute, die sich melden. Meistens folgt ein allgemeines Kichern. Daraufhin kläre ich das Publikum auf, dass ich mit dem Wort „sexy" nichts Erotisches meine, sondern das, was eine Person ausmacht – und auszeichnet. Von Werbeleuten wird dieser Begriff oft verwendet und meint nichts weiter als die Besonderheit, die Einzigartigkeit – den sogenannten USP (Unique Selling Point) eines Produktes oder einer Sache. Ebenso hat jeder Mensch etwas, das ihn sexy macht, nur ist es vielen nicht bewusst. Im Grunde beschreibt es das, was uns erfüllt und Spaß macht – unsere Ausstrahlung.

Stelle ich Schülern diese dritte Frage, sehe ich in den Augen eher eine gewisse Ratlosigkeit, die mich an meine eigene Schulzeit erinnert. Handwerklich bin ich absolut unbegabt. Mein Vater schlug häufig die Hände über dem Kopf zusammen, wenn ich einen Hammer in die Hand nahm. Er erwartete, etwas Schreckliches könne passieren. Trotzdem sollte ich eine Lehre im Metallbau machen. Im Allgäu gibt es viele Betriebe, die in dieser Branche tätig sind. Ergo gehört es zum guten Ton, dass man eine Lehre im Metallbereich anstrebt. Jedoch fand ich Metall uncool und Handwerk unsexy. Das war nicht meins. Daher war ich froh, dass ich durch die Bergwacht von der Möglichkeit einer medizinischen Ausbildung erfuhr. Das fand ich cool und interessant – das war für mich sexy und gab den Impuls, eine Ausbildung zum Krankenpfleger zu beginnen. Dabei begleitete mich die Vision, als Rettungssanitäter auf einem Hubschrauber Einsätze in den Alpen zu fliegen. Diese Vorstellung entfachte meine Leidenschaft. Mein Ziel, das mich erfüllte, war, Menschen zu helfen. Und das ist es auch heute noch.

Erst an einem solchen Punkt kann sich 100-prozentige Leistung entwickeln – weil man aus innerer Überzeugung und aus Freude einer Sache nachgeht. Kein Mensch würde einen Sport betreiben, der ihm keinen Spaß macht. Daher sollten Menschen idealerweise mit dieser brennenden Leidenschaft ihre Berufswahl treffen. Entscheidend ist nicht das, was der Trendreport sagt, was die Gesellschaft wünscht, was die Familie erwartet oder was angeblich cool ist, sondern das, was das Herz sagt. Die Botschaft lautet also: „Vertraue dir selbst!“ Diese Voraussetzung ist das Thema dieses Kapitels – indem man sich Zeit nimmt und in sich hineinhört. Dieses In-sich-Hineinhören ist ein wesentlicher Bestandteil der eingangs erwähnten Achtsamkeit.

Nach diesem ergänzenden Einschub frage ich die Menschen im Publikum weiter, ob sie auch ausdrücken können, was sie möchten. Ob Firmeninhaber in der Lage sind, ihren Angestellten mitzuteilen, was sie tatsächlich erwarten. Viele denken, diese Frage ist überflüssig und die Antwort läge auf der Hand.

Aber schauen Sie sich bei Ihrem nächsten Besuch im Restaurant einmal aufmerksam um. Es gibt ganz viele Menschen, die schon mit der einfachen Frage überfordert sind, was sie essen möchten. Sie wissen nicht, was sie wollen. Aber es geht noch weiter: Ist das Essen bestellt und kommt auf den Tisch, wird unter den Tischpartnern gefragt, ob es schmeckt. Oft sind die Leute zufrieden. Doch einige merken an, es ginge so oder könnte besser sein. Keine zwei Minuten später kommt die Bedienung vorbei und erkundigt sich, ob alles in Ordnung sei. Die Antwort lautet dann erstaunlicherweise: „Alles bestens." Oder nehmen wir den ganz intimen, privaten Bereich: Sagen Sie ihrer Partnerin oder ihrem Partner beim Sex, was sie gern möchten? Diese simplen Beispiele aus dem Alltag zeigen, dass wir alle in manchen Belangen nicht nur zu wenig Mut haben, unsere Wünsche auszudrücken, sondern sogar ziemlich orientierungslos sind, was wir überhaupt wollen.

Ich habe mich oft gefragt, woran das liegen kann – denn ich habe gelernt, das zu sagen, was ich denke oder haben möchte. Um diese Frage zu beantworten, mache ich einen kleinen Bogen. Achtsamkeit hat sehr viel mit Respekt gemein. Schlägt man im Lexikon nach, werden Begriffe wie Augenmerk, Konzentration, Teilnahme, Umsicht und im weiteren Sinne Respekt als Definition des Wortes genannt. Die Ableitung liegt auf der Hand. Indem ich achtsam zu mir bin, habe ich Respekt. Wie ich zu mir stehe, spiegelt sich in meinem Verhalten zu anderen Menschen wider. Gehe ich mit mir achtsam um, respektiere ich mich und damit werde ich in der Regel auch mit meinen Mitmenschen so verfahren.

Emotionales Denken ermöglicht das Wechselspiel zwischen Achtsamkeit, Akzeptanz und Respekt. Ist eine der Komponenten gestört, gerät alles ins Wanken. Mögliche Kritik wird als Niederlage empfunden. Um das zu vermeiden, drücken viele Menschen nicht das aus, was sie denken. Auch ich habe viel Kritik einstecken müssen – gerade weil ich so eigensinnig bin. Daher weiß ich, dass kritische Anmerkungen wehtun. Es ist nicht einfach, etwas Ablehnendes oder die Tatsache anzunehmen, dass das Gegenüber die Dinge einfach anders sieht. Die Kunst besteht darin, auch mit solchen Äußerungen achtsam umzugehen. Im ersten Schritt muss die angebrachte Kritik respektiert werden. Dann muss sie reflektiert und schließlich angenommen werden. Wie leicht einem dieser Weg, diese Auseinandersetzung fällt, hängt davon ab, wie locker man ist.

Mein Trainer für Rhetorik, der bekannte deutsche Schauspieler Hannes Hellmann, ist auch Aikido-Meister. Er zeigte mir eine Übung, die ich in mein Programm übernommen habe, weil sie verdeutlichen kann, was „locker" und „starr" bedeutet. Aus dem Publikum bitte ich eine Person zu mir, die alle Muskeln im Körper anspannen soll – wie ein Brett also. Ich greife dann einen Arm und schüttele die Person hin und her. Schließlich verliert sie unter dieser Anspannung das Gleichgewicht. Der Mensch wird förmlich aus der Bahn geworfen, wenn jeder Muskel angespannt ist.

Beim zweiten Teil der Übung soll sich der Teilnehmer ganz locker hinstellen. Wieder greife ich seinen Arm und mache dasselbe mit ihm wie vorher. Doch in diesem Fall gelingt es mir in der Regel nicht, den Zuschauer aus dem Gleichgewicht zu bringen. Zwar wird er kräftig durchgeschüttelt, aber er bleibt stehen. Besonders die asiatischen Kampfsportarten zeigen, dass man die Energie, den Schwung, eines Gegners nutzen kann, um sich selbst einen Vorteil zu verschaffen oder den Angriff mit Leichtigkeit abzuwehren. Deshalb ist es wenig erstaunlich, wenn der scheinbar Schwächere überlegene Gegner überwältigt. Die Kombination aus Technik und innerer Haltung macht den Unterschied.

Dieses simple Experiment symbolisiert, welche Auswirkungen die Haltung hat, wenn man an neue Themen herangeht oder welche Folgen der Umgang mit Krisen und Niederlagen hat. Es verdeutlicht auch, wie man mit Kritik umgeht. Nach einem Auftritt kam mal jemand zu mir und sagte: „Felix, ich fand den Vortrag einfach beschissen!" Das empfand ich als herbe

Kritik, obwohl ich gelernt habe, mit Niederlagen umzugehen. Ich musste nach dem Ausspruch erst mal schlucken, denn es traf mich und mündete schließlich in negativen Gedanken. Genau an diesem Punkt fokussierte ich mich, achtsam zu sein. Hier ging es um mich. Aber wie kann man so eine massive Kritik absorbieren und wie kann man die Übung aus dem Aikido auf eine solche Situation übertragen, locker damit umzugehen? Wie schon erwähnt, spielt hier die Haltung – die innere Einstellung – eine entscheidende Rolle.

Die persönliche Einstellung zieht sich durch den ganzen Tagesablauf. Bezogen auf das Beispiel der Managerin zu Beginn des Kapitels heißt das: Wie gehe ich mit meinen Kindern um, auch wenn die Zeit brennt, wie verhalte ich mich auf der Autobahn trotz Staus, wie begrüße ich meine Kollegen, wie gehe ich ans Telefon, wenn ein Kunde anruft oder wenn ein Meeting ansteht. Man kann das auf alles beziehen. Es gibt das alte Sprichwort „Wie man in den Wald ruft, so schallt es heraus". Grundlage allen gesellschaftlichen Umgangs ist immer die Auseinandersetzung mit sich selbst. Diese Zeit muss man sich nehmen – gerade in unserer schnelllebigen Welt. Schließlich ist jeder selbst verantwortlich für das, was er macht und für das, was er zurückbekommt.

Bezogen auf Kritik heißt das: Nimm die Kritik an, die dir entgegengebracht wird! Denke darüber nach, sei achtsam und verwandle den Vorwurf in eine Stärke. Das setzt Offenheit und die Bereitschaft voraus, anders zu denken und eingetretene Pfade zu verlassen. Was ist die Botschaft, die vermittelt werden soll? Wird mein Vortrag kritisiert, dann muss ich also, um angemessen darüber nachzudenken und ihn schließlich auch zu verbessern, nachfragen, was nicht gefallen hat. Ist es der Inhalt, die Rhetorik, die Aussprache oder die Verständlichkeit? Reagiere ich allerdings verkrampft und ablehnend, verschärft sich die Situation. Entweder denke ich mir meinen Teil und kommentiere die Anmerkung durch meine Körpersprache oder entgleise schlimmstenfalls verbal. Aber auf Gewalt, auch verbale, folgt in der Regel Gewalt. Der Schlüssel liegt in der Deeskalation – in der Lockerheit.

Tue das, wozu du Lust hast – und was für dich sexy ist: Dieser Aspekt klang schon mehrfach durch. Warum nur wenige Menschen dieser Devise folgen, liegt nicht nur daran, dass die meisten gar nicht wissen, was sie wollen. Angst spielt hier eine wesentliche Rolle. Mit diesem Problem sind vermehrt Manager und Führungskräfte konfrontiert, von denen man eher annimmt, Kritik und Hektik pralle an ihnen im Gegensatz zu vielen anderen Menschen einfach ab. Doch immer mehr Führungskräfte gestehen, auch öffentlich in den Medien, dass der Druck in der Wirtschaft allgemein zunimmt und sie belastet. Es geht um die Angst, Entscheidungen zu treffen, sie zu verantworten und auch gelegentlich dem Topmanagement, der Führung oder dem Vorstand zu widersprechen. Oft ist Managern beispielsweise von vornherein klar, dass die Quartalsvorgaben der Führungsebene nicht zu erreichen sind. Statt offen darauf hinzuweisen, nehmen sie den Druck auf und leiten ihn weiter an Mitarbeiter und Kollegen. Von Achtsamkeit – also Respekt und Reflexion – kann dabei keine Rede sein. Neben einem schlechten Betriebsklima baut sich auch innerlicher Druck auf, sodass Körper und Geist schließlich nur noch die Notbremse ziehen können. Nicht zuletzt diese Verkrampfung führt dazu, dass hohe Ziele verfehlt werden. Angst wird als Schwäche verstanden und Schwäche befeuert die Angst.

Mein oberstes Ziel war, wieder auf meinen eigenen Beinen zu stehen und laufen zu können. Als klar war, ich werde mein Leben lang in einem Rollstuhl sitzen, war das eine gewaltige Niederlage. Eine scheinbare Schwäche wird durch den Rollstuhl offensichtlich. Aber ist das wirklich so? Solange ich diesen Umstand nicht akzeptiert hatte, mag es so gewesen sein. Da ich aber immer nach vorne geschaut habe, ging ich rasch zur nächsten

Frage über: Wie kann ich diese vermeintliche Schwäche in eine Stärke verwandeln? Natürlich habe ich mit mir selbst gehadert: „Felix, was bist du für ein Depp gewesen. Statt aufzupassen, achtsam zu sein, wohin du trittst, hast du mit dem Handy gespielt und dann kam es zur Katastrophe." So etwas zu realisieren braucht Zeit und Akzeptanz. Was mir geholfen hat, ist die Auseinandersetzung mit diesem Umstand und das Team, das hinter mir stand. Jedoch kann das Team einem Akzeptanz und Achtsamkeit nicht abnehmen. Für beides muss man selbst die Verantwortung übernehmen.

Neben den zahlreichen Gesprächen haben für mich Eindrücke und Vorbilder den Weg zur Akzeptanz geprägt. Sie waren eine wesentliche Unterstützung. Es war für mich wichtig, Schlüsselfiguren wie Florian Fischer, Mitglied der Rollstuhl-Basketball-Nationalmannschaft, kennenzulernen. Er ist schon viel länger als ich an den Rollstuhl gebunden. Als er mich besuchte, saß ich noch in meinem Pflegerollstuhl. Florian hingegen hatte eines von diesen coolen, wendigen, kleinen, sportlichen Dingern – den Rennwagen unter den Rollstühlen, wenn man so will. Er ging damit völlig locker um und strahlte eine Selbstsicherheit und Sympathie aus, die mich beeindruckte. Schließlich wollte ich ebenso einen solchen Rollstuhl haben, aber ich wollte auch genau dahin kommen, wo Florian schon war.

Diese Momente waren Inspirationen und Florian wurde mein Vorbild. Dieses Vorbild machte mir auch die Akzeptanz leichter, hinzunehmen, dass ich nicht mehr Bergretter auf einem Hubschrauber irgendwo in den Alpen werden kann. Das muss ich mir immer wieder – auch heute noch – vergegenwärtigen. Das Annehmen eines Umstands ist nämlich keine einmalige Sache. Es reicht nicht, ein Mal zu sagen: „Gut, dann habe ich mein Ziel eben nicht erreicht". Mit einer Niederlage muss man sich immer wieder beschäftigen – auch das heißt es, achtsam zu sein. Ich habe aus dieser

Einsicht für mich die Formel entwickelt, dass ich mein neues Leben lieben sollte, um es nicht jeden Tag aufs Neue akzeptieren zu müssen.

Meine Chancen habe ich in dem Moment entdeckt, als mich Florian Fischer an diesem einen Tag in der Reha besuchte, gut eineinhalb Jahre nach meinem Unfall. Es imponierte mir, wie er mit dem Rollstuhl unterwegs war. Ich machte mir bewusst, dass ich vom Brustbereich bis zu den Füßen gehandicapt war, aber meine Arme nach wie vor uneingeschränkt funktionierten. Was ganz wesentlich war: Mein Kopf ließ mir alle Freiheiten, die ich mir vorstellen konnte. Ein neuer Weg lag damit vor mir.

Bereits in meiner ersten Reha plante ich meinen ersten Vortrag mit Unterstützung des Alpenvereins. Zu dem Zeitpunkt war noch gar nicht die Rede davon, Motivationsredner zu werden. Die Intention war, der Gesellschaft etwas über die Jungmannschaft des Alpenvereins zurückzugeben, weil die Bergwacht Füssen wie auch der Blutspendedienst oder der Sportverein in Hopferau Aktionen in meinem Heimatort ins Leben gerufen hatten, um mir und meiner Familie zu helfen. Es war einfach die Idee, mit einem Vortrag Geld zu sammeln und das wieder einem guten Zweck zuzuführen. Es war außerdem ein Ausdruck von tiefer Dankbarkeit, für das, was ich durch die Hilfe anderer erfahren habe. Der Impuls dazu ging aber auf das Treffen mit Florian zurück, das meine Gedanken beflügelte und meine Haltung veränderte: Aus einer Schwäche eine Stärke zu machen.

Ich hatte wieder eine Aufgabe, anstatt im Bett zu liegen und zu jammern, wie schlecht es mir eigentlich geht. Ich akzeptierte, dass die sportlichen Beine passé sind, das Sixpack Geschichte ist und der untere Teil meines Körpers scheiße aussieht. Aber ich habe einen Kopf, den ich nach wie vor sinnvoll einsetzen kann, um neue Ziele zu erreichen. Es war, als hätte sich ein Schlüssel in meinem Kopf umgedreht. Das Leben fing an sich zu ändern. Kurze Zeit später hatte ich meine erste feste Freundin nach dem Unfall, eine Krankenschwester.

Achtsamkeit beinhaltet, wie schon erwähnt, mehrere Aspekte. Neben dem Respekt ist die Konzentration für mich elementar. Durch die Auseinandersetzung mit mir wird mir bewusst, was ich will oder nicht will. Durch diese Analyse kann ich Ziele definieren. Bei mir waren das: wieder Sport zu treiben, auch so einen coolen „Sportwagen“ zu fahren wie Florian, zu leben und als erste Herausforderung einen Vortrag zu halten. Auf diese Ziele lenkte ich meine Energie und konzentrierte mich darauf. Die Freundin kam fast von allein – als Folge der veränderten Geisteshaltung. Statt Konzentration wird heute häufig auch der Begriff der Fokussierung benutzt. Es meint aber das gleiche: die Energie in seine Stärken zu stecken und sich auf seine Ziele zu konzentrieren – siehe das McKinsey-Prinzip. Dabei ist es ebenso von Bedeutung, mit seiner zur Verfügung stehenden Energie zu haushalten und sie nicht mit Nebensächlichkeiten oder Dingen, die unnötig belasten, zu verschwenden. Eventuell kann das auch beinhalten, dass man auf einige Sachen verzichten muss. Wenn ich als Manager ein wichtiges Projekt habe, dann kann es sein, dass ich auf andere Sachen – eventuell auch nur kurzfristig – verzichten muss, wie das Glas Wein nach der Arbeit mit einem guten Freund. Weder der Freund noch das Projekt haben etwas davon, wenn ich am Limit laufe.

Auf der anderen Seite gilt es, Freundschaften in Zeiten zu pflegen, in denen oberflächlich betrachtet andere Prioritäten eine Hauptrolle spielen sollten. Sich da für die richtige Reihenfolge dieser Prioritäten zu entscheiden, bedingt aber Achtsamkeit: Was möchte ich, was ist mir wichtig, wie teile ich meine Ressourcen sinnvoll ein, worauf kann ich verzichten? Genauso wie Kritik löst der Verzicht bei vielen Menschen Unbehagen aus. Verzicht wird im Allgemeinen mit Verlust verbunden. Er kann aber auch als Gewinn betrachtet werden – weil er zu mehr Lebensqualität, neuen

Wegen oder mehr Zeit führt, die ich mit mir selbst achtsam verbringe. Das musste auch ich erst lernen, denn früher hatte ich immer das Gefühl, etwas zu verpassen.

Letztlich führt der Weg aus einem unzufriedenen Leben, einem unbefriedigenden Job, einer enttäuschenden Beziehung oder einer anderen Niederlage hinaus über die Achtsamkeit. In der Reflexion, dem Respekt mir gegenüber, zeigen sich Chancen, verborgene Talente und Alternativen, Ängste zu überwinden und Schwächen in Stärken zu transformieren. Daraus ergeben sich – bei achtsamem Umgang mit der zur Verfügung stehenden Energie – neue Ziele, auf die man sich konzentrieren kann.

Das setzt jedoch voraus, dass man trotz schnelllebiger Zeit ab und an innehält.

- Reduktion von Geschwindigkeit im Alltag – Schnelligkeit und Übermaß trüben die Wahrnehmung ein.
- Regelmäßig bewusste Pausen einlegen – innehalten.
- Emotionales Denken ermöglicht die Auseinandersetzung mit sich selbst. Es ist die Basis der Achtsamkeit.
- Durch Achtsamkeit setzt man sich automatisch mit sich selbst auseinander.
- Eliminiere die Schwächen und konzentriere dich auf die Stärken.
- Lerne respektvoll mit dir umzugehen. Was man nach außen strahlt, wird von den Mitmenschen reflektiert.
- Transformiere Schwächen und Ängste in Stärken. Akzeptiere sie, nehme sie an und formuliere daraus neue Ziele.
- Kritik ist der Hinweis, achtsam zu sein und den angesprochenen Aspekt zu überdenken.
- Überprüfe deine Haltung: Starr wie ein Brett oder locker wie ein Aikido-Meister?
- 100 Prozent Leistung entsteht nur durch Überzeugung und Leidenschaft – werde sexy!
- Kurzformel für Achtsamkeit: Reflexion, Respekt, Konzentration und „Liebe dein Leben".
- Lieben Sie sich so wie Sie sind.

Kapitel 5

Zielsetzung? Nervt!

Ich kann das Thema Ziele und Zielsetzung nicht mehr hören. Geht es Ihnen auch so? In fast jedem verdammten Kalender steht irgendwo ein schlauer Spruch nach dem Motto „Geht nicht, gibt's nicht". In Artikeln, auf Vorträgen oder in Seminaren wird von „Ziele setzen" und „reach your goals" im Sinne von „höher, schneller, weiter" gesprochen. Es gibt unzählige Bücher und Ratgeber, die erzählen, wie man Ziele erreichen kann, das Ziel kann noch so weit entfernt sein, wenn man nur hart genug und konsequent an sich arbeitet, wird man es schon irgendwann schaffen.

Genau über diesen Ansatz möchte ich nicht sprechen. Viele Menschen haben entweder keine Ziele oder eine falsche Vorstellung von Zielsetzung. Wenn Ziele nicht erreicht werden, macht sich Enttäuschung breit – und das nur, weil ein Ansatz gewählt wurde, der in die Irre führen muss. Ich habe in dieser Sache andere Erfahrungen gemacht, Erfahrungen, die nicht auf dem oben genannten Prinzip basieren und möchte Sie anregen, die Thematik aus einer anderen Perspektive zu betrachten.

Am 17. Januar 2009 hatte ich meinen Unfall. Mit Unterbrechungen lag ich dann insgesamt acht Monate im künstlichen Koma. Das erste Mal wachte ich fast fünf Monate später, Anfang Juni 2009, wieder auf. Als ich die Umstände und die Ausmaße meines Krankenhausaufenthalts realisierte, wurde mir auch klar: Wenn wir jetzt Anfang Juni haben – dann ist der Pfingsturlaub passé! Normalerweise bin ich in der Pfingstzeit immer zum Klettern und Bergsteigen auf Sardinien oder Korsika. Auch für 2009 war wieder einmal geplant, zu diesem Zeitpunkt eine Herausforderung in den dortigen Bergen zu meistern. Durch meinen schweren Unfall allerdings war dieses Ziel geplatzt! Doch ohne zu resignieren, schmiedete ich im gleichen Atemzug mit meiner Mutter einen neuen Plan. Meinen gesundheitlichen Zustand – dass ich schwerstverletzt war, noch einen weiten Weg vor mir hatte und nie wieder auf eigenen Beinen gehen können würde – hatte ich zu dem Zeitpunkt noch gar nicht begriffen. Ich nahm mir vor, nun eben im Sommer nach Sardinien zu fahren. Klettern würde ich wohl noch nicht können, aber auf Krücken laufen und die schöne Landschaft genießen, einen Badeurlaub machen, das würde ich doch wohl schaffen. Das wurde mein Ziel.

Mitte Juni kam ein weiteres Ziel hinzu. Ich erzählte jedem Arzt, jedem Therapeuten und jedem vom Pflegeteam: „Zu meinem Geburtstag am 25. Juli bin ich wieder zu Hause. Dann werde ich mit meinen Kumpels in der Bleckenau, bei mir daheim am Tegelberg, auf der Bergwachthütte meinen Geburtstag feiern." Den Geburtstag im Krankenhaus zu verbringen kam für mich gar nicht infrage.

Man muss sich vor Augen führen: ich war zu dem Zeitpunkt intubiert, ich hatte künstliche Zu- und Ausgänge, mein Bauchbereich war offen und voller Schwämme, ich war überall verkabelt und meine Beine konnte ich nicht bewegen. Eigentlich konnte ich durch die Intubation auch gar nicht richtig sprechen, es fiel mir schwer. Zudem war ich durch das regelmäßige Verabreichen von Morphium buchstäblich benebelt. Trotzdem war ich davon überzeugt, dass ich in dreieinhalb Wochen meinen Geburtstag dort oben am Berg feiern würde. Stellen Sie sich vor, das erzählt jemand, der eine Ausbildung zum Krankenpfleger macht und in der Bergrettung tätig ist! Das Krankenhauspersonal hörte mir zwar zu, sagte jedoch einhellig: „Felix, es ist fein, dass du Ziele hast. Wir wollen dir diese Hoffnung nicht kaputtmachen, aber deine Ziele sind komplett unrealistisch." Mein Vorhaben war in der Tat vollkommen illusorisch. Genauso gut könnte ich heute sagen, vom Rollstuhl aus, ich träte zu einem Wettlauf gegen Usain Bolt an, den schnellsten Mann der Welt.

Fakt ist, am 13. Juli erfuhr ich meinen zweiten großen Rückschlag. Wie ich ja bereits erzählt habe, verschlechterte sich mein Gesundheitszustand dramatisch und war wieder lebensbedrohend. Meine Hüfte hatte sich entzündet und wollte nicht abheilen. Ein kleiner operativer Eingriff sollte das ändern. Die Hoffnung war, dass danach die Wunde in der Hüfte gut verheilen würde. Während der OP kam es zu Komplikationen, da Bakterien den Knochen angefressen hatten, danach stieß mein Körper das implantierte Metall ab. Es kam zu weiteren Entzündungsreaktionen, ich bekam Fieber von 41 Grad – und schließlich musste man mir die betroffene Hüfte sowie einen Teil des Beckens entfernen, um mein Leben zu retten. Erst nach drei Monaten wachte ich wieder auf. Dieses Mal saß mein Vater an meinem Bett. Ich fragte ihn: „Du Papa, kann es sein, dass ich am Samstag Geburtstag habe?“ Mein Vater antwortete: „Nein, wir haben Mitte Oktober. Wir haben deinen Geburtstag im Koma gefeiert.“ Für einen ungeduldigen Menschen, wie ich es bin, ist das schwer zu ertragen. Denn schon wieder war Zeit vergangen, und wieder hatte ich ein Ziel, mit dem ich ganz fest gerechnet hatte, nicht erreicht.

Wie ich schon in einem anderen Kapitel erwähnte, gab es während meiner Zeit im Krankenhaus und auch danach Schlüsselpersonen, die für mich eine besondere Rolle spielten. Sonja, die Schweizerin, die jedes Wochenende zwei Mal viereinhalb Stunden fuhr, nur um mich zu sehen, war eine von ihnen. Sie kam zu einer Zeit, in der es mir nicht gut ging und meine weitere gesundheitliche Entwicklung in den Sternen stand. Sonja setzte in mir Energien frei, weckte in mir Emotionen, die mich nach vorne blicken ließen, ja – die mich in eine Vorwärtsbewegung setzen. So plötzlich, wie sie in mein Leben trat, so schnell verschwand sie allerdings auch wieder daraus.

Was ihre Motivation war, weiß ich bis heute nicht, da wir vor meinem Unfall kaum Kontakt miteinander hatten und auch während unserer gemeinsamen Zeit eigentlich nie darüber gesprochen haben. Ihre Besuche taten mir einfach gut. Das spürte ich ganz intensiv. Sie wurde in dieser Zeit meine Freundin und damit meine ich nicht nur Händchenhalten. Als sie dann eines Tages mit der Nachricht über ihren Au-pair-Aufenthalt herausplatzte, fühlte sich das für mich an wie ein Schlag ins Gesicht. Ich fragte sie nach dem Warum, denn sie tat mir so gut in meiner schrecklichen Lage. Doch an diesem Tag gingen wir auseinander, ohne dass ich eine zufriedenstellende Antwort von ihr erhalten hatte.

Nachdem ich eine Nacht darüber geschlafen hatte, fasste ich einen Entschluss: Statt traurig zu sein, wollte ich die Zeit nutzen und mir wieder ein Ziel setzen. Ich nahm mir vor, im kommenden halben Jahr viel zu trainieren, damit ich wieder laufen könnte, um sie auf meinen eigenen Beinen vom Flughafen abzuholen. Wir beide glaubten daran, dass ich das schaffen würde.

Es kam schließlich anders. Rückblickend muss ich sagen, dieses Ziel war nicht mehr ganz so illusorisch wie die beiden vorherigen, von denen ich meinen Eltern erzählt hatte. Jedoch muss ich an dieser Stelle hinzufügen: Von dem Moment an, in dem ich einen klaren Gedanken fassen konnte, war für mich klar: Ich will wieder hinauf in die Berge. Das war mein tiefer Ansporn über die gesamte Zeit.

Bewusst habe ich diese drei Beispiele für Zielsetzung erwähnt. Alle Ziele erreichte ich nicht – zumindest nicht so, wie ich es mir vorgestellt hatte. Auch der Wunsch, als Sanitäter auf einem Rettungshubschrauber zu fliegen und zu klettern, als sei nichts gewesen, erfüllte sich nicht. Nüchtern betrachtet bin ich an jedem Ziel gescheitert. Die Formel: „Du musst nur an dich glauben, hart genug an dir arbeiten und schließlich klappt es auch mit dem genau dem Ziel, das du dir vorgenommen hast“ griff also in meinem Fall nicht. Entscheidend ist auch hier die Akzeptanz. Niederlagen wie meinen Unfall und all die Rückschläge, die dazu gehörten, muss man erst verarbeiten. Manche Menschen verzweifeln daran und geben letztendlich auf. Oft habe ich mir meinen Weg und auch meine Zielsetzungen vor Augen gehalten und habe darüber nachgedacht: Bin ich wirklich gescheitert? Habe ich wirklich meine Ziele verfehlt?

Ich komme zu dem Schluss: Ich habe meine Ziele gar nicht verfehlt. 2012 bin ich tatsächlich nach Sardinien gefahren – zum Baden. Meinen Geburtstag feiere ich sowieso jedes Jahr aufs Neue – gleich ob auf der Bergwachthütte oder zu Hause. Meine heutige Freundin hole ich ohne Probleme im eigenen Auto vom Flughafen ab. Und selbst das große Ziel, wieder in die Berge zurückzukehren, habe ich mit der Alpenüberquerung in meinem Handbike erreicht. An alle meine großen Ziele bin ich zu 110 Prozent gelangt.

Die Alpenüberquerung mit dem Handbike 2013 war für viele in meinem Umfeld nichts weiter als einer meiner ständigen verrückten Gedanken. Es gab tatsächlich nur einen Menschen, der es für möglich hielt, dass ich dieses Projekt umsetzen könnte. Es war mein Physiotherapeut. Jeroen Bakker ist Niederländer und die sind ja dafür bekannt, recht eigenwillig zu sein und ungewöhnliche Sachen zu machen. 2012 fing ich mit seiner Hilfe an, die ersten Überlegungen für die Alpenüberquerung anzustellen. Bis dato hatte ich mir noch nie so ein großes Projekt vorgenommen und hatte weder Erfahrungen, wie man das finanziert, noch wie man mit Sponsoren umgeht. An der Planung beteiligten sich später dann auch meine Bergsteigerfreunde. Einer meiner Hauptsponsoren für diese Tour war der Blutspendedienst des Bayerischen Roten Kreuzes. Ohne die Unterstützung meiner zahlreichen Förderer hätte ich mein verrücktes Vorhaben nie realisieren können.

Meine Alpenüberquerung wurde von viel Medienaufmerksamkeit, Pressekonferenzen und Vortragsreihen begleitet. Irgendwann, gar nicht lange danach, fuhr ich von einem meiner Vorträge heim, hörte dabei gute Musik und ließ das gesamte Geschehen um die Überquerung in mir Revue passieren. Da wurde mir erst bewusst, dass ich dieses unglaubliche Ziel, zurück in die Berge zu gehen, wieder „bergzusteigen", tatsächlich erreicht hatte. Ich begriff, dass ich so, wie alles abgelaufen war, meine Vorstellungen zwar nicht 1:1 umgesetzt hatte, aber es dennoch gut war – und ich meine Ziele auf ganz andere Weise erreicht hatte, als ich ursprünglich geglaubt hatte. Für mich kann ich behaupten, ich habe alle meine Ziele realisiert und ich werde auch in Zukunft meine Vorhaben erreichen. Ich weiß heute aber auch, dass es überhaupt keine Niederlage ist, wenn ich meine Ziele nicht so schaffe, wie ich sie mir ursprünglich gesetzt habe. Wenn man das für sich akzeptiert, dann ist eine Entwicklung in viele Richtungen möglich. Es ergeben sich viele Optionen, derer man sich vorher vielleicht gar nicht bewusst war – der Weg selbst ist das Ziel. Doch setzt das voraus, sich bewusst zu machen, den Weg tatsächlich zu gehen. Ein Vorhaben darf sich im Laufe der Zeit auch verändern. Je größer der Zeitrahmen ist, desto mehr kann es sein, dass sich die Zielsetzung verändert – ja, verändern muss. Ich habe festgestellt, oft erreicht man sein Ziel unbemerkt und realisiert das erst mit einigem Abstand. So ergeht es vielen Menschen.

Ich habe einen Bekannten namens Johannes. Der wollte seit Jahren in den Bergen leben und arbeiten. Er bewarb sich bei unzähligen Firmen in seiner Umgebung und erhielt nur Absagen. Schließlich ergaben sich bei ihm private Umstände, die ihn veranlassten, in die Alpen zu ziehen. Eine Festanstellung hatte er zu diesem Zeitpunkt nicht. Stattdessen machte er sich selbstständig. Johannes sagte später zu mir, er sei damals enttäuscht gewesen, weil er sein Ziel, für eine Firma in den Bergen zu arbeiten, nicht erreicht habe. Johannes hatte ein so festes Bild seines Ziels im Kopf, er bemerkte gar nicht, dass sich sein eigentlicher Wunsch – in den Alpen zu leben und zu arbeiten – schon längst realisiert hatte.

Zwei Typen von Mensch habe ich beobachtet, wenn es um die Zielsetzung geht. Der eine setzt sich ein klares Ziel. Solche Menschen wissen vielleicht schon mit vier Jahren, dass sie Feuerwehrmann werden wollen – was sie als Erwachsene schließlich auch tun. Andere haben vor, Manager zu werden und sind es später. Zu diesem Typus gehören auch viele Sportler. Sie haben ein Ziel vor Augen, einen Rekord, den Sieg bei Olympia oder eine Weltmeisterschaft, und arbeiten jede Sekunde ihres Lebens auf diesen Punkt hin. Sie verwenden unter anderem die Technik der Visualisierung von Zielen. Sie malen sich bis ins Detail aus, wie ihr Ziel auszusehen hat. Etliche von ihnen „malen" nicht nur ein Bild – sprich eine Sekundenaufnahme – sie drehen einen Film im Kopf, den sie immer wieder ablaufen lassen. Bei einem Skifahrer beispielsweise kann das der Zieleinlauf sein, das Begreifen, die beste Zeit gefahren zu sein und schließlich mit der Goldmedaille auf dem Siegerpodest zu stehen.

Daneben gibt einen zweiten Typ Mensch. Solche Leute sind mehr oder weniger „planlos". An Menschen ganz und gar ohne Vorstellung und Plan rauscht das Leben buchstäblich vorbei. Die anderen, die keine energische Zielsetzung wie etwa Sportler haben – zu diesen zähle ich mich seit meinem Unfall auch – erreichen dennoch Wünsche wie ein eigenes Haus, ein Auto, einen Hund und den tollen Urlaub. Das heißt nicht, dass diese Menschen orientierungslos und ohne Antrieb sind. Solche Menschen begegnen dem Leben einfach mit einer gewissen Lockerheit und lassen die Dinge auf sich zukommen. Ich vermute, viele von ihnen werden ebenso wie ich auch ihre Ziele visualisieren. Im Gegensatz zum ersten genannten Typ Mensch sind sie aber nicht so sehr auf ein einzelnes konkretes Ziel fixiert. Sie malen sich ihr geistiges Bild oder ihren Film nicht bis ins allerletzte Detail aus. In der Visualisierung gibt es Spielraum, was eine gewisse Lockerheit mit sich bringt. Trotzdem sind diese Menschen erfolgreich und glücklich mit dem, was sie erreichen. In ihrer Einstellung und in ihrem Vorgehen sind diese beiden Menschentypen, der entschlossene Zielsetzer und der lockere Typ, grundlegend verschieden. Es gibt aber einen Punkt, den sie gemein haben: Beide sind in Bewegung, sie gehen beide nach vorne, auf den Horizont zu.

Felix mit seinem Handbike auf der Transalp 2013, hier im Val Mora

Emotionen sind der Motor unseres Antriebs. Sie sind es, die uns motivieren und dafür sorgen, dass wir uns überhaupt Ziele setzen, und nur Emotionen sorgen dafür, dass wir sie auch erreichen. Die Ziele, die ich mir damals im Krankenhaus setzte, hatten einen tieferen Sinn. Dessen war ich mir jedoch eine lange Zeit nicht bewusst. Die Ziele waren unrealistisch, doch das, was ich mit ihnen verband, hat mich angetrieben, weiterzumachen, nicht stehenzubleiben und nicht aufzugeben, sondern trotzdem weiter auf den Horizont zuzugehen, auch wenn mir irgendwo im Unterbewusstsein klar war, dass ich nach dem Mond greife.

Tour durch Grand Junction, Colorado (USA) 2014

In meinen Vorträgen sage ich daher immer: „Der Horizont ist nicht das Ende." Wir können alle nur bis zum Horizont sehen. Weiter können wir nicht schauen und wir wissen nicht, was danach kommt. Will ich also wissen, was dahinter geschieht, muss ich mich auf den Weg machen – mich in Bewegung setzen. Der Horizont wird nicht zu mir kommen. Und was hinter dem Horizont kommt, den wir jetzt sehen – also alles, was jenseits unseres Ist-Zustandes auf uns wartet – kann so unglaublich gut sein, dass wir es uns nicht vorstellen können. Entscheidend ist, in der Vorwärtsbewegung zu bleiben! Nur durch diesen Fluss ergeben sich weitere Möglichkeiten, das habe ich schon mehrfach erlebt. Es sind Dinge in meinem Leben geschehen, die hätte ich mir nie träumen lassen. Durch diesen Unfall habe ich so schöne Momente erlebt und tolle Sachen erfahren! Das alles wäre ohne den Unfall nicht geschehen. Ich wäre auch nie zu meinem jetzigen Beruf gekommen: Motivationstrainer und Redner. Es dauerte allerdings einige Zeit, bis ich zu dieser Erkenntnis kam, ebenso wie zu der Einsicht, dass Konfrontation dazu gehört, wenn man ein Ziel erreichen will.

Wie ich bereits erwähnte, wollte ich ursprünglich gar kein Vortragsredner werden. Der erste Schritt in diese Richtung erfolgte durch eine Aktion des Blutspendedienstes des Bayerischen Roten Kreuzes, der für mich zum Blutspenden aufrief. Später hielt ich zum Dank einen Vortrag über meine Erlebnisse. Mein Vater sagte etwas später zu mir: „Felix, vielleicht wirst du irgendwann mal Motivationstrainer?" Ich schaute meinen Vater verwundert an und meinte nur: „Du spinnst!"

Ich konnte mir nicht vorstellen, das zu meinem Beruf zu machen und damit Geld zu verdienen. Es war eine Konfrontation mit einem Gedanken, der mir fernlag. Aber ich setzte mich mit diesem Gedanken auseinander – ich bewegte mich vorwärts. Je mehr ich mich mit dieser Überlegung beschäftigte, desto mehr konnte ich mich dafür begeistern. Ein Bild entstand, bis ich schließlich zu mir selbst sagte: „Cool, endlich wieder etwas Neues, das mache ich." Wenn man so will, brach ich erneut zum Horizont auf.

Zu Beginn meiner Laufbahn als Redner stand ich ebenso wie viele Kollegen auf der Bühne und erzahlte dem Publikum das, was ich eingangs im Kapitel ansprach: „Du musst nur hart genug für dein Ziel arbeiten, dann wirst du es schon erreichen!" Fakt ist, diese Formel klingt einfach und findet vielleicht genau deshalb vielfach Zuspruch. Aber nur wenige können diese Prämisse tatsächlich umsetzen oder den Weg dorthin durchhalten. Sie werden an ihren Zielen scheitern, wie ich auch an meinen Zielen gescheitert bin.

Was in diesem Motto nicht anklingt, aber für das Erreichen der eigenen Vorhaben oder Wünsche elementar ist, sind folgende Punkte:

1. Das Akzeptieren der Ausgangslage, in der man sich befindet.
2. Das Zulassen von Veränderungen. Veränderungen gehören einfach zum Leben.
3. Nicht stehenbleiben, sondern immer weiter vorwärtsgehen.
4. Neugierig bleiben.
5. Geduld, damit sich etwas entwickeln und ergeben kann.

Ungeduld ist ein großes Problem beim Erlangen von Zielen. Viele Menschen können nicht abwarten, dass sich etwas entwickelt. Ihnen geht dieser Prozess zu langsam. Verwunderlich ist das nicht. Wir leben in einer schnelllebigen Konsumgesellschaft. Von allen Seiten wird uns förmlich eingetrichtert: Du kannst alles zu jeder Zeit sofort haben! Heute bestellt – morgen da. Kopfschmerzen? Einfach ein schnelllösliches Pulver nehmen und im Nu ist der Schmerz weg.

Dadurch entsteht Ungeduld, wenn es mal etwas länger dauert, und diese Ungeduld überträgt sich auf alle Lebensbereiche. Viele Menschen wollen – sicher auch deshalb – nicht mehr auf ihren Erfolg warten. Sie kaufen sich ein Buch mit dem Thema „Zielsetzung", überfliegen es – denn mehr Zeit haben sie nicht – und sofort, so meinen sie, müsse sich der Erfolg einstellen. Ein Instanterfolg wie ein Aspirin: Packung aufreißen, im Wasser auflösen, trinken – und zack, ist der Erfolg da. Aber so funktioniert es nicht.

Als ich mit Bergsteigen anfing, hat mir mein Vater viel beigebracht. In einem Prozess über Jahre hinweg habe ich mich in diesem Sport entwickelt und verbessert. Später kamen andere Personen hinzu, die wie Mentoren meinen Freunden und mir weitere Techniken und Tricks vermittelten und dabei auf dem aufbauten, was wir schon konnten. Trotzdem hat es Zeit gebraucht, das Neue zu verinnerlichen, für sich umzusetzen und es zum eigenen Stil zu machen. Wir probierten uns aus und sind auch oft genug gescheitert – das gehörte für uns dazu. Heute meinen so manche Menschen, wenn sie sich eine Kletterhose kaufen und eine coole Softshelljacke, hätten sie damit gleichzeitig das Knowhow erworben, für das andere Jahre brauchen. Wie soll das gehen? Ein anderes Beispiel: Viele junge Erwachsene haben einen rasanten Weg hinter sich: Schule, Abitur, Studium, Bachelor oder Master und mit 25 Jahren Eintritt in die große Berufswelt. Ein erheblicher Teil ist schon nach kurzer Zeit ernüchtert, weil es im Berufsleben nicht in diesem Tempo weitergeht. Sie treten den neuen Job im Glauben an, dass sie mit dem Erlangen des Abschlusstitels auch gleichzeitig befähigt sind, große Karrieresprünge zu machen. Geduld und Warten sind aus der Mode gekommen.

Natürlich meint man oft, dass eine bestimmte Qualifikation einen auch befähigt, gleich ganz oben auf der Karriereleiter anzufangen. Doch erst die Erfahrung – der Weg auf den Horizont zu – festigt die Qualifikation und eröffnet weitere Möglichkeiten. Als ich 17 Jahre alt war, wollte ich mit meinem Bergsteigerfreund Philipp den Hintergrat des Ortlers, eines rund 3900 Meter hohen Bergs in Südtirol mit schwierigen, anspruchsvollen Kletterpassagen, besteigen. Wir beide hatten noch nie zuvor eine Hochtour gemacht. Zudem war das Wetter nicht optimal. Es hatte Neuschnee gegeben. Die Verhältnisse waren also alles andere als sicher. Wir verirrten uns sogar. Irgendwann saßen wir auf einem Grat quasi wie auf einem Reitersattel. Rechts und links ging es 200 bis 300 Meter steil in die Tiefe.

Zum Glück waren wir so einsichtig und kehrten um. Ja, wir sind gescheitert, aber wir haben uns etwas getraut. Wir sind dem Horizont ein Stück näher gekommen. Aus solchen Erfahrungen haben wir gelernt und uns weiterentwickelt. Dennoch blieben wir auf dem Boden und behaupteten nicht, dass wir *die* Bergsteiger sind. Uns war immer bewusst, dass uns einiges an Erfahrung fehlt. Der entscheidende Punkt war: Der Gipfel war uns gar nicht so wichtig. Wir waren einfach neugierig auf das, was kommt und darauf, wie sich unsere Tour entwickelt. Die Kletterei machte uns einfach Spaß. Wir sagten uns: Wenn wir es an diesem Tag nicht schaffen, dann versuchen wir es ein anderes Mal. Und irgendwann werden wir es schaffen. Genau diese Geduld fehlt heute vielen.

Mit einem Budget von rund 500 Euro kauft man sich Freeride-Ski, eine Go-Pro-Kamera, geht auf die Piste, alles wird gefilmt und abends auf Facebook gepostet. Sich selbst und den anderen vermittelt man so das Gefühl: Ich hab's drauf und ich musste dafür nicht mal was tun. Ein Ziel muss eben sofort erreicht werden. Die Entwicklungsphase stört da nur – schließlich hat man auch so ein tolles Erlebnis und es auch noch mit einem überschaubaren Budget erreicht. Ebenso verhält es sich in der Wirtschaft. So mancher Unternehmer gründet ein Start-up und meint, nun könne er sich innerhalb eines Jahres einen Porsche leisten. Aber was macht ihn eigentlich zu einem erfolgreichen Unternehmer – der Porsche?

Dieser Eindruck mag entstehen, da heute immer öfter nur der quartalsmäßige Erfolg gesehen wird. Man hat keine Zeit mehr, den Erfolg über ein Jahr zu betrachten und zu bewerten. Ziele werden nur noch in Quartalsabständen gesetzt. Die Dinge können sich so kaum noch entwickeln. Sollte der wirtschaftliche Erfolg ausbleiben, wird rasch gehandelt. Stellenabbau ist da ein erprobtes Mittel, um die Quartalszahlen schnell nach oben zu treiben. Dabei gibt es auch andere Wege und Optionen, die aber gar nicht mehr in Betracht gezogen werden, zeigen sie doch nicht schnell genug Wirkung. Die Geschichte vieler Firmen – meist gewachsener Unternehmen – zeigt: Es braucht eben Zeit, einen soliden Ruf zu etablieren und Know-how und Erfolg aufzubauen. Und selbst wenn das eintritt, was oft mit Durchbruch gleichgesetzt wird, bedeutet das nicht, man hat es geschafft. Den Erfolg zu halten ist oft viel schwieriger als der Durchbruch selbst.

Daher kann es die wahren Erlebnisse des Lebens nicht für ein paar Euro oder im Expressverfahren geben. In den Momenten des tief gehenden Erfahrens im Sinne von Lernen entstehen diese prägenden Emotionen, von denen ich schon sprach. Sie lassen uns das Leben spüren, es wortwörtlich erleben und treiben uns immer wieder an, weiter nach vorne zu gehen – in Bewegung zu bleiben. Das setzt jedoch voraus, dass wir wieder bereit sind, Dingen Zeit zu geben, um sich zu entwickeln. Schließlich geht es darum, Ziele zu erreichen, die hinter dem Horizont liegen.

- Voraussetzung: Akzeptanz der aktuellen Situation. Erst dann Ziele klar formulieren.
- Die Ziele müssen realistisch sein. Man muss für diese Ziele brennen.
- Die Entwicklung der eigenen Persönlichkeit gehört ebenfalls zum Erreichen eines Ziels.
- Dieser Entwicklung Zeit und Raum geben, damit sich etwas entfalten und verankern kann. Setzen Sie sich ruhig hohe Ziele, aber geben Sie ihnen Zeit zum Entwickeln.
- Das Wertvollste auf dem Weg zum Ziel ist das Sammeln von Erfahrungen und Know-how.
- Das Zulassen und bewusste Erleben von Niederlagen ist ebenso Teil des Wegs zum Horizont wie das Erreichen von Zwischenzielen.
- An die Achtsamkeitsregel denken: Zeit zum Reflektieren nehmen.
- Keine verkrampfte Zielsetzung – Spielraum lassen.
- Ein Ziel erreicht man nur mit Unterstützung eines Teams.
- Immer die Vorwärtsbewegung beibehalten.
- Achte bewusst auf deine Gedanken! Sie können jederzeit der Schlüssel zu deinem Glück sein – und Wirklichkeit werden. Gedanken werden Materie.

Kapitel 6

Veränderungen – Merci Schicksal

Nichts ist stetiger als der Wandel. Das weiß eigentlich jeder. Und trotzdem haben wir Angst vor Neuem, klammern uns lieber an Altbewährtes und hadern mit unserem Schicksal, wenn etwas Unvorhergesehenes passiert. Wahrscheinlich gibt es deshalb Seminare zum Erlernen von Veränderungskompetenzen und Changemanagement. Im Zentrum stehen immer die Fragen: Wie kann Veränderung gelingen? Wie funktioniert die Umsetzung von Veränderung? Und warum müssen Veränderungen überhaupt geschehen? In der Regel ändern wir etwas, wenn wir ein Defizit in irgendeinem Bereich unseres Lebens feststellen. Jedoch werden diese Aspekte meist nur aus einer Perspektive betrachtet – der aktiven. Von diesem einseitigen Blickwickel habe ich mich verabschiedet.

Mein schlimmer Unfall hatte sehr viel mit Veränderungen zu tun. Mein Leben hat sich quasi von einer Sekunde auf die andere auf den Kopf gestellt. Ich war also gezwungen, mich mit der Frage des Wandels, einer Form von Modifizierung und Neuerung auseinanderzusetzen. Dabei ist mir bewusst geworden, dass es aktive Veränderung gibt und eine passive Variante.

In Workshops und Seminaren zum Thema Veränderung wird in der Regel die aktive Form analysiert und man bekommt Tipps dieser Art mit auf den Weg: „Ziehe einen Strich unter dein bisheriges Verhalten und ab morgen gehst du anhand der Empfehlungen dein Leben anders an. Du wirst sehen wie schnell sich dein Leben – natürlich zum Positiven hin – wandelt.“ Es ist selbstverständlich richtig, eingefahrene Denkmuster zu durchbrechen, damit sich neue Wege auftun. Um weiterzukommen, sich weiterzuentwickeln, muss man über den Tellerrand hinausschauen. Nur eines wird dabei ausgeklammert: die passive Veränderung. Beim aktiven Wandel kommt der Impuls aus meinem Inneren. Viele Menschen realisieren irgendwann in ihrer täglichen Routine – gleich, ob im privaten oder geschäftlichen Bereich: So kann es nicht mehr weitergehen. Sie fühlen sich unwohl, unter Druck oder verspüren den Wunsch, einfach auszubrechen. Das klassische Beispiel für ein gewünschtes Umdenken ist bei Übergewicht abzunehmen oder das Rauchen aufzugeben. Im Geschäftlichen kann es der Gedanke zu einer beruflichen Veränderung sein, sei es als Angestellter sich nach einem neuen Job umzuschauen oder als Firmeninhaber neue Märkte erschließen zu wollen. Alle Überlegungen in diese Richtung haben einen Ausgangspunkt gemein: Ich muss mich ändern, damit sich etwas wandelt.

Dabei wird übersehen oder ausgeklammert, dass Veränderungen meist nicht im positiven Kontext geschehen. Es passiert oft passiv, das Neue und Andere kommt von außen auf einen zu ohne eigenes Zutun. In der Regel sind es Niederlagen oder Schicksalsschläge, für die wir gar nichts können. Dazu gehören Kündigungen, Unfälle, ein verlorener Rechtsstreit oder der Verlust eines lieben Menschen. Natürlich ist es möglich, dass diese Beispiele im Zusammenhang mit einer Vorgeschichte stehen, bei der man aktiv beteiligt war. Diesen Aspekt lasse ich hier bewusst außer Acht, um plastischer auf die Passivität einzugehen. Die genannten Umstände ziehen automatisch eine Veränderung nach sich. Das Leben geht danach nicht mehr so weiter wie bisher.

Mein Unfall hatte einen langen Aufenthalt im Krankenhaus unmittelbar zur Folge. Kausal standen dazu weitere Ereignisse. Selbst wenn ich gewollt hätte, war mein Leben einen Tag danach nicht mehr dasselbe. In solchen Situationen ist man gezwungen, anders zu denken – und das völlig unvorbereitet, ohne dass man vorher ein Seminar für Changemanagement hätte besuchen können. Doch eine Niederlage ist objektiv betrachtet auch eine wunderbare Chance anders zu leben und etwas zu verändern. Ohne

Frage, zum Zeitpunkt des Geschehens schmerzt ein Rückschlag. Kaum ein Mensch wird sofort aufstehen und rufen: „Hurra, jetzt habe ich die Chance zur Veränderung!“ Dieses Ereignis muss erst realisiert, verarbeitet, analysiert und schließlich akzeptiert werden. Vorher werden alternative Möglichkeiten gar nicht in Betracht gezogen.

Auf der anderen Seite muss man im Vergleich aktiv zu passiv sehen, dass selbst ein aktiver Wandel vielen Menschen schwerfällt. Das hängt damit zusammen, dass wir alle von Routine geprägt sind. Beim Einkauf landet immer wieder die gleiche Zahnpasta, Rasierwasser, Creme und die Lieblingswurst im Korb. Wir gehen Jahr aus Jahr ein zu „unserem“ Friseur und Italiener oder joggen die gleiche Strecke einmal pro Woche. Zur Arbeit fahren wir täglich die gewohnte Strecke, trinken beim Hochfahren des PCs einen Kaffee und starten den Tag mit dem Beantworten von Mails – und täglich grüßt das Murmeltier. Viele Deutsche fliegen gern nach Mallorca oder fahren nach Rimini. Obwohl wir uns im Ausland befinden, und dann an völlig überfüllten Stränden liegen, machen wir das, weil wir wissen, es gibt deutsches Bier, Bratwurst und Schweinebraten. Das gibt uns ein Gefühl von Zuhause, Geborgenheit und Sicherheit. Wir brauchen uns kaum umzustellen. Bis auf die Kulisse ist alles so, wie wir es gewohnt sind.

In meinen Vorträgen bringe ich dazu das Beispiel vom Fremdgehen. Es gibt viele Ehen, da betrügt der eine Ehepartner den anderen mit einer oder einem anderen. Das geht manchmal über Jahre. Der betrogene Partner weiß vielleicht sogar davon oder ahnt etwas. Das Verrückte daran ist: Der Schmerz des Betrogenwerdens wird in Kauf genommen, weil die Angst vor Veränderungen viel größer ist. Dabei verbauen sich diese Menschen viele neue Chancen. Ich erlebe es immer wieder gerade nach Veranstaltungen, da kommen Menschen auf mich zu und sagen: „Felix, ich kann nicht mehr. Mich kotzt mein Job an.“ Ich frage nach, warum derjenige dann nicht aufhört. Als Antwort kommt: Das Gehalt ist regelmäßig, mit dem kann man rechnen, schließlich muss alles bezahlt werden. Für diese Form der Sicherheit quält man sich über Jahre? Warum tut man sich das an und macht nicht stattdessen das, wozu man Lust hat, was einem Freude bringt? Der Grund liegt in der schon besprochenen Achtsamkeit. Es fehlt vielen Menschen an Mut und an innerer Stärke, um eine Veränderung herbeizuführen. Ferner spielt das Umfeld, in dem man sich befindet, eine wesentliche Rolle. Es ist das Team, das hinter einem steht. Fehlt es oder harmoniert es nicht, so ist das schon mal ein wesentlicher Schwachpunkt. Ist der Rückhalt, das Vertrauen ins Team gegeben, so fällt es einfacher, etwas zu verändern. Im Falle einer anhaltenden Unzufriedenheit im Berufsleben bedeutet das konkret: Ich kündige, selbst wenn ich nicht weiß, was in der Zukunft ist. Alles, was danach kommt, ist besser als der momentane Zustand. Schlimmer wird es nicht.

Ich bin zu 100 Prozent davon überzeugt, dass das größte Potenzial genau in dem liegt, wovor man sich am meisten fürchtet. Der Jackpot befindet sich exakt an dem Punkt der größten Angst. Um aus dem Hamsterrad auszubrechen, sich über den Tellerrand hinauszubewegen, braucht es eine ganze Menge Mut. Veränderung fühlt sich erst einmal immer ungut an. Machen Sie dazu mal bei Gelegenheit einen ganz einfachen Test. Wenn Sie sich die Zähne putzen, nehmen Sie zur Abwechslung die andere Hand. Allein der Griff zur Zahnbürste mit der ungeläufigen Hand fühlt sich komisch an. Sich schließlich damit die Zähne zu putzen fällt richtig schwer. Automatisch kommt das Verlangen hoch, sofort zu wechseln. Versuchen Sie bei diesem simplen Test nicht gleich nachzugeben. Halten Sie das Ungewohnte so lange es geht aus. Je regelmäßiger Sie diesen Versuch durchführen, desto weniger inneren Widerstand verspüren Sie. Nun versuchen Sie sich in meine Lage zu versetzen. Als ich den Rollstuhl bekam, hat sich das ziemlich beschissen angefühlt. Am liebsten hätte ich das Ding sofort in die Ecke geschmissen. Aber hatte ich eine andere Option? Inzwischen ist der Rollstuhl ein Teil von mir. Es macht richtig Spaß damit herumzufah-

Sitski-Training für den Weltcup im Januar 2017

ren und es ist für mich normal geworden. Deswegen noch einmal: Veränderung ist am Anfang immer unangenehm. Viele Coaches sprechen in diesem Zusammenhang vom Verlassen der Komfortzone. Wie der Name schon sagt, das Gewohnte fühlt sich für uns komfortabel an. Alles außerhalb dieser Zone ist unbequem.

Zum Bergsport gehört für mich auch unbedingt das Skifahren – das kann ich natürlich im herkömmlichen Sinne nicht mehr ausüben. Doch auch hier habe ich einen Weg gefunden, für den ich wiederum etwas Neues lernen musste: Im Winter 2012/2013 habe ich meinen ersten Kurs im Monoskifahren gemacht. Das ist ein breiter Ski, bei dem die Bindungen nebeneinanderliegen. Nach einiger Übung habe ich dann bereits 2013 mit dem deutschen Nachwuchsteam trainiert und fahre inzwischen im Weltcup mit. Ungefährlich ist aber auch diese Sportart nicht: Während ich dieses Buch geschrieben habe, hatte ich einen schweren Skiunfall, bei dem ich mir einen Bruch im Schulterbereich zuzog. Die Knochenteile wurden mit einer chirurgischen Platte fixiert. Nicht nur bei diesem Eingriff, sondern auch beim Entfernen der Platte hatte ich Angst vor der OP. Ich würde lügen, wenn ich etwas anderes behaupten würde. Und das nach über 60 operativen Eingriffen! Es fühlte sich furchtbar an, wieder ins Krankenhaus zu müssen. Dennoch überwand ich mich, wieder ins Ungewisse zu gehen. Der Lohn für diesen Mut, meine Angst zu überwinden: Ich habe wieder einen vollständig beweglichen Arm und ich kann wieder intensiv trainieren. Ich habe mich aus der Komfortzone getraut und auf den Horizont zu bewegt. Der Schritt zur Veränderung bringt Menschen weiter. Damit meine ich nicht eine beispielhafte Herausforderung zu suchen wie Bungee-Jumping oder in einer offenen Gondel gesichert über eine tiefe Schlucht zu fahren. Sicherlich hat das auch etwas mit Überwindung zu tun, aber es sind die alltäglichen Dinge, die uns viel mehr belasten und die eine Veränderung verlangen.

Dieser Schritt setzt die Auseinandersetzung mit sich selbst voraus und die Akzeptanz der vorherrschenden Umstände. Dazu gehört ebenso die Kraft, sich vorzustellen, wie eine andere Situation aussehen könnte. Was wären andere Optionen zum heutigen Status? Es ist ein Perspektivenwechsel und markiert die Bereitschaft, Veränderung in Betracht zu ziehen. Wenn ich vor mir selbst flüchte, wird sich nichts ändern! Eines kann ich Ihnen versprechen: Nach der Umstellungsphase wird sich Ihr Leben wieder gut anfühlen – es ist anders, aber gut, weil das Neue dann zur Routine wird. Als die Ärzte bei mir das Morphium absetzten, hatte sich mein Körper daran gewöhnt. Der Entzug war die Hölle für mich, obwohl ich wusste, dass es gut für mich ist. Nach der Umstellungsphase, also ohne Morphium, erholte sich mein Körper und es ging mir wieder besser – so wie es sein sollte.

Veränderung ist für den Menschen wichtig, damit er sich weiterentwickeln und seine ungenutzten Potenziale entfalten kann. Wir stehen durch die Digitalisierung vor einer der größten Veränderungen der Menschheitsgeschichte. Doch solche Umbrüche hat es schon immer gegeben. Denken Sie nur einmal an den Siegeszug der Dampfmaschine. Die Menschen damals hatten Angst davor, sind mit Skepsis der neuen Entwicklung entgegengetreten. Diejenigen, die diesen revolutionären Wandel zuließen und verstanden, ihn für sich zu nutzen, waren die Gewinner. Der technologische Wandel in unserer Zeit zeichnet sich durch eine noch nie da gewesene Geschwindigkeit aus. Daher sind die Akzeptanz von Veränderung und die Veränderungskompetenz so wichtig für die Herausforderungen der Zukunft. Es werden sich immer schneller neue Trends herausbilden. Diese kommen auf uns zu, ohne dass wir aktiv daran beteiligt wären. Es sind passive Veränderungen. Wenn man sich dagegenstellt, die Akzeptanz verweigert, dann werden diese Wellen uns überrollen oder gar wegspülen. Die gewohnten Handlungsmuster führen uns bei dieser Dynamik des Wandels in eine Sackgasse.

Ein Beispiel soll diese Kraft des Wandels verdeutlichen: Vor 30 Jahren war es bei uns auf dem Land üblich, beim Bau eines Hauses den örtlichen Bauunternehmer zu beauftragen. Höhere Mobilität und die Dynamik des Marktes führten einige Jahre später dazu, sich auch in der Region nach Alternativen umzuschauen. Heute kann man die Preise beim Hausbau selbst im Internet vergleichen. Garantiert findet man einen Bauunternehmer, der das Traumhaus für das eingeplante Budget umsetzt – auch wenn dieser vielleicht aus Südtirol kommt. Durch diesen internationalen Wettbewerb wird der heimische Anbieter unter Druck gesetzt. Reagiert das Unternehmen nicht auf Marktentwicklungen und verändertes Kundenverhalten, hat das Folgen. Veränderungen sind also nötig, um wettbewerbsfähig zu bleiben. Dennoch stößt man auch heute noch auf Betriebe, die beispielsweise behaupten, eine Homepage sei überflüssig. Dieses Denken führt in eine Sackgasse, denn schließlich schlägt der Schnelle den Langsamen. Reagiert ein anderer rascher als ich auf eine Veränderung, hat er einen Wettbewerbsvorteil und ich habe das Nachsehen. Ohne ständige Neuerungen gäbe es keine Smartphones, Computer, energiesparende Autos, effiziente Heizungsanlagen oder neue lebensrettende Behandlungsmethoden.

Wesentlich für mich ist die Auseinandersetzung mit der passiven Veränderung. Zu wenig wird reflektiert, was Rückschläge für einen selbst bedeuten. Wo können diese passieren? Bin ich darauf vorbereitet? Habe ich über Alternativen nachgedacht? Wie gehe ich mit einer Niederlage um? Wovor fürchte ich mich am meisten? Schon beim geringsten Misserfolg gelangen viele Menschen bereits an ihre Grenzen. Bei uns ist das Scheitern nach wie vor ein Tabuthema. Man scheitert nicht als Unternehmer. Und wenn doch, wird es als Schande angesehen. Alle diese Fragen haben das Akzeptieren von Unerwartetem gemeinsam. Ich muss von meinem Pferd absteigen, wenn es tot ist und zu Fuß weitergehen. Damit bewege ich mich zumindest vorwärts und bleibe nicht stehen. Sicherlich kann ich auf viele dieser Fragen keine garantierte Antwort geben. Doch von Zeit zu Zeit ist es sinnvoll, innezuhalten, zu reflektieren und sich Optionen vorzustellen. Vielleicht entdeckt man bei diesem Gedankenspiel einen Punkt, den man gern verändern möchte, um neue Ziele zu erreichen oder alte Muster zu durchbrechen. Dabei kann diese Reflextion zu der Einsicht führen, wieder einen Schritt zurückzugehen. Gerade dieser ist nötig, um aus dem Hamsterrad auszubrechen. So sehe ich klarer, wo ich gerade stehe.

Veranderung ist auch die Lust etwas Neues zu erlernen. Ein Baby erfahrt jeden Tag Veränderungen. Ständig gibt es etwas zu entdecken. Mit jedem Tag lernt es dazu. Man kann beobachten, wie es sich über Erlerntes freut und wie die Lust steigt, mehr zu erforschen. Kein Ziel scheint zu weit entfernt, um es nicht doch zu erreichen. Das Geheimnis dieses Antriebs ist, Dinge zu erforschen und Neues auszuprobieren. Je älter wir werden, desto mehr nimmt diese Neugierde ab. Ja, ich gehe sogar so weit und behaupte, dass viele Erwachsene gar keinen Bock mehr haben, sich auf etwas Ungewohntes einzulassen. Damit schränken sie sich jedoch wahnsinnig ein, weil sie sich nur noch auf das begrenzen, was sie kennen. Nur ja kein Risiko eingehen – lieber habe ich Sicherheit. Solche Menschen treffen schicksalhafte Veränderungen oft besonders hart. Dann nämlich realisieren sie: Sicherheit gibt es nicht.

Wenn ich zu diesem Thema referiere, fordere ich das Publikum auf, die kindliche Neugierde wieder zu entdecken: probiert Rafting, macht eine Radtour, die zwei, drei Tage dauert oder geht an einen FKK-Strand. Nur dadurch werden andersartige Erfahrungen gemacht, das Leben bereichert, neue Wege eröffnen sich und man bewegt sich auf den Horizont zu.

Das bringt mich zum Thema Zielsetzung. Das Ziel ist nebensächlich. Wichtig ist, dass man in Bewegung bleibt und sich vorwärts bewegt. Damit leitet man automatisch Veränderungen ein. Macht man sich also auf den Weg, um auf den Horizont zuzugehen, kann man alles mitnehmen, was sich einem auf dieser Strecke bietet. Eine gesunde Neugier ist dabei der Motor für das Lernen, das Entdecken und Beobachten. Während ich mich auf den Horizont zubewege, lerne ich andere Menschen kennen, erweitere mein Netzwerk, kann Gewohnheiten abstreifen, entdecke neue Leidenschaften, festige ungenutzte Potenziale und erlebe die Vielfalt des Lebens. Das alles entgeht mir, wenn ich stehen bleibe, mich wie in einer Kugel abkapsele und mit Scheuklappen getrieben von Angst lebe.

Hätte ich diese Einstellung gehabt, wäre ich dann von Füssen im Allgäu über die Alpen an den Gardasee im Handbike gefahren? Sicherlich nicht! Diese Expedition war ein einziges Abenteuer. Es gab keine Unterlagen darüber, wie man das mit einem Handbike macht. Ich konnte nicht nachgooglen, welche Pisten oder Pfade dafür geeignet sind. Es gab keine Erfahrungswerte. Das war absolutes Neuland, aber ich hatte Bock darauf und war neugierig, was mich alles erwarten würde auf dieser langen Strecke. Eines war sicher, jeden Tag würde ich vor neuen Herausforderungen und Veränderungen stehen. Diese Expedition war einer Bergerstbesteigung gleichzusetzen – und für jeden Bergsteiger ist es das Größte, eine Erstbesteigung zu machen. Vergleichbar mit einem Maler, der vor einer Leinwand steht und sein Bild, was er bisher nur im Kopf hatte, auf dieses weiße Stück Stofffaser bringen möchte, so beschreitet der Bergsteiger mit seiner Route ein unberührtes Stück eines Bergs. Niederlagen sind dabei einkalkuliert. Wir Bergsteiger scheitern immer an einem Punkt, aber das bedeutet nicht, dass wir das Ziel komplett aufgeben. Auf so einem Weg kann vieles passieren: die Kondition reicht nicht aus, das Wetter schlägt um, Steinschlag, Verletzung, gar Absturz oder die gewählte Route ist absolut unpassierbar. Aber mit jedem Scheitern wird dazugelernt, um es beim nächsten Versuch anders zu machen. Man gewinnt an wertvollen Erfahrungen. Spaßeshalber frage ich meine Freunde jedes Mal, wenn sie sich über einen Rückschlag ärgern: In was investiert ihr lieber? In Gold oder in Aktien? Sie schauen mich verwundert an, weil sie diese Frage nicht einordnen können. Meine Antwort lautet dann: Ich investiere zu 100 Prozent in Erfahrungen. Die kann mir keiner nehmen und sie unterliegen keinem Wertverfall.

Eine lange Zeit dachte ich, es gelänge mir, mein altes Leben wieder zurückzubekommen. Dieser Gedanke hielt mich in Bewegung. Ich entwickelte mich weiter in der Annahme, dieses Ziel zu erreichen. Das realisierte ich jedoch erst später. Irgendwann kam die Einsicht, es wird nicht mehr so sein wie früher und ich akzeptierte diesen Umstand. Erst auf dieser Basis öffnete sich mein Bewusstsein. Ich fing an, achtsam zu leben – auf mich zu achten – und zog Bilanz, was möglich ist und was nicht mehr geht. All das waren Schritte der Veränderung, die das *Re*-agieren durch Agieren ablösten. Ich setzte mich in Bewegung und erreichte schließlich doch mein ursprüngliches Ziel, wieder in die Berge zurückzukehren – nur eben auf eine andere Weise.

2011 war ich wieder relativ fit. Allmählich kam der Gedanke auf, wieder Sport zu treiben. Also schaute ich mich um, was sich mir für Möglichkeiten boten. Schnell kam ich auf das Handbiken. Hier gibt es zwei Varianten: das Straßen- und das Off-Road-Handbiken. Letzteres findet in Europa im Gegensatz zu den USA nur vereinzelt statt. Dort gibt es sogar Parks für Handbikes mit entsprechenden Pisten. 2012 fand mein Vater im Internet ein Modell aus den USA, das für mich geeignet erschien. Wir bestellten es.

Als das Bike endlich geliefert wurde, wollte ich es sofort ausprobieren. Meine Neugierde auf etwas Neues war voll entflammt. Mit meinem Bergkameraden und Freund Gregor fuhr ich spontan an den Gardasee, um dort das Handbike zu testen. Wir entschlossen uns, es leicht anzugehen und wählten eine Strecke hoch nach Pregasina. Der Ort liegt in rund 500 Metern Höhe oberhalb des Westufers des Gardasees. In der Ebene direkt am Seeufer lief es wunderbar. Dann kam der erste Anstieg. Ich merkte unmittelbar, wie anstrengend das Handbiken ist. Alle meine Kräfte mobilisierte ich, um diesen Anstieg zu packen. Danach war ich geschafft. Gregor hingegen war in Topform. Er nahm eine Reepschnur, die wir am Handbike befestigten und er zog mich quasi zum Ziel. Ich habe nur noch etwas mitgeholfen, bin aber nicht mehr alleine aus eigener Kraft gefahren.

Niederlage? Das eigentliche Ziel hatte ich schließlich nur dank Unterstützung erreicht. Nein, eine Niederlage war es bestimmt nicht. Ich bewegte mich auf einen neuen Horizont zu: wieder Sport zu treiben. Damit trat ich aktiv eine Veränderung in meinem Leben an. Die Tour am Gardasee lief nicht ganz so, wie ich mir das vorstellte, aber die Erfahrungen, die ich hier gewann, trieben mich zu neuen Horizonten an. Die Idee zur Alpenüberquerung per Handbike war geboren. Das war im Juni 2012.

Als ich vom Gardasee nach Hause kam, erzählte ich jedem von meiner Idee. Es war wie im Krankenhaus, wo ich jedem sagte, dass ich an meinem Geburtstag wieder daheim sein würde. Die Reaktionen, die ich auf meinen Transalpplan erhielt, waren in etwa so: Hmhm, cool. Das war's. Selbst Gregor sagte nicht mehr. Auch meinem Physiotherapeuten Jeroen Bakker erzählte ich davon. Jeroen war bereits an meiner Seite, als es darum ging, mich vom Krankenhaus in die Pflege nach Hause zu entlassen. Ich erinnere mich, Jeroen kam in mein Zimmer im Krankenhaus, begutachtete mich einen Augenblick und sagte kurz und knapp: „Felix, ich habe Bock mit dir zu arbeiten!“ Genau so muss es auch im Business laufen.

Jeroen hörte sich meine Idee an, mit dem Handbike über die Alpen, das heißt über Schotterstrecken und Offroadpfade, zum Gardasee zu fahren. Er war der einzige, der davon sofort lebhaft begeistert war, machte mir Mut, diesen Plan umzusetzen, und wollte dabei sein. Es dauerte aber nicht lange, bis ich ein Team bestehend aus meiner Familie und Freunden um mich hatte, die mit mir diese Herausforderung meistern wollten. Ich begann mich ein Jahr lang auf dieses Ziel vorzubereiten und trainierte jeden Tag akribisch: Kraftraum, Schwimmen, Trainingseinheiten mit dem Handbike. Die Touren in die Berge mit dem Handbike dienten nicht nur dem Training. Sie lieferten ebenfalls Erfahrungen, wie sich dieses Sportgerät im Gelände verhält, was hinderlich ist und was zu optimieren wäre. Meine Erkenntnisse setzten wir um und modifizierten das Handbike entsprechend. So bekam das Bike einen Unterstützungsmotor, da das Gefährt an sich schon 35 Kilogramm wog. Ohne diesen wäre es nicht über die Distanz gegangen.

Neben der technischen Vorbereitung und dem Training knüpfte ich auch Kontakte wie etwa zum Blutspendedienst, der sich bereit erklärte, die Expedition mit dem Namen „Von der Transfusion zur Transalp“ zu unterstützen. Weitere Sponsoren kamen hinzu, ohne die diese Herausforderung nicht möglich gewesen wäre. Das muss man ganz klar sagen! Das eigentliche Team, das mich auf dieser Route begleitete, bestand schließlich aus meinem Vater, der die Route durchplante, meiner Mutter, die Begleitfahrerin war, sechs Freunden, einem Fotografen und Jeroen.

Je mehr das Projekt Formen annahm, der Tag des Starts näher kam, desto mehr wuchs der innerliche Druck. Schließlich waren die Erwartungen hoch und das bei einem Vorhaben, das definitiv noch nie einer vorher gemacht hatte. Zwar gibt es Rollstuhlfahrer, die in den Alpen Etappen gefahren sind, aber sie sind auf ausgebauten Straßen gefahren. Mein Weg war das offene Gelände plus Übernachtung im Freien bei Überwindung von 12 000 Höhenmetern und das in 14 Tagen. Das war das zeitliche Ziel. Inzwischen war auch die Presse auf das Ereignis angesprungen. Die Anspannung war also enorm. Kurz bevor die Expedition starten sollte, kam es noch zu einem Rückschlag. Die Technik am Handbike streikte. Unter Hochdruck suchte ich mit meinem Techniker David Unhoch eine Lösung für die aufgetretenen Probleme. Dennoch gab es für mich nie Zweifel daran, dass wir das Ziel erreichen würden. Der Horizont lag vor mir und war fest im Blick.

Endlich, am 3. August 2013, starteten mein Team und ich von Füssen aus ins große Abenteuer. Das war ein riesiges Spektakel, das auch zahlreiche Pressevertreter begleiteten. Es gab nun definitiv nur noch eine Richtung: Das Ziel Gardasee, das in mehrere Etappen unterteilt war. Jede für sich stellte neue Herausforderungen an das Team und das Material. Veränderungen waren vorprogrammiert, aber nicht planbar. Rasch mussten wir uns auf neue Situationen einstellen. Es war beim Start nicht einmal klar, ob ich die gesamte Strecke durchradeln konnte. Beispielsweise kam ich an eine Stelle, da versperrte ein Weidegatter den Weg. Mein Team musste mich und das schwere Bike über das Hindernis hinwegheben. Das war noch eines der kleineren Probleme. Schwieriger wurde es an einer anderen Passage. Eine Mure hatte eine Brücke weggerissen. Auch das lösten wir gemeinsam. Schließlich erreichte ich in nur neun Tagen nach gut 500 Kilometern das Ziel.

Obwohl die Expedition ein voller Erfolg war, gab es auch Kritik. Einige Rollstuhlfahrerverbände bewerteten die Tour negativ und warfen mir vor, ich hätte mich von meinen Helfern „über die Alpen tragen lassen". Das tat weh. Doch das muss man wegstecken, darf sich nicht vom Weg abbringen lassen, muss man aushalten, um schließlich diese schönen, unvergesslichen Momente des Erfolgs erleben zu können. Und wieder muss ich sagen: Ohne ein Team erreicht man solche Ziele nicht – gleich ob man im Rollstuhl sitzt oder nicht.

Mit Abstand betrachtet kann ich feststellen, dieses einmalige Projekt hat viele Veränderungen mit sich gebracht. Zum einen war es ein neues großes Ziel. Dafür musste ich erst wieder gesund und körperlich fit werden.

Außerdem musste ich meinen Alltag umstellen. Das Training und die Planung verlangten enorm viel Zeit. Zum anderen vollzog sich mit der Expedition eine schleichende Veränderung, die hauptsächlich meine Freunde und mich betraf. Erst viel später stellten wir fest: Es war die letzte gemeinsame Sache, die meine Bergfreunde und ich durchgezogen haben. Danach gingen wir bedingt durch Familiengründungen, Arbeit oder Studium alle unterschiedliche Wege. Heute treffen wir uns nur noch selten zu Anlässen wie Geburtstagen oder Hochzeiten. Die Alpenüberquerung hat für mich vor diesem Hintergrund eine ganz besondere Bedeutung.

Veränderung beinhaltet das Gelingen genauso wie das Scheitern. Jedoch ist Scheitern eine Zwischenstufe auf dem Weg zum Gelingen. Durch einen Rückschlag lernt man – vorausgesetzt, man reflektiert, was geschehen ist – neue Umstände zu akzeptieren und überlegt sich, wie man dennoch zu seinem Ziel kommt. Schon die Überlegung setzt den Prozess der Veränderung in Gang. Es ist die geistige Vorwärtsbewegung zum Horizont hin. Natürlich braucht es dann auch noch den Mut zur Umsetzung, ganz gleich, wie erfolgreich man am Ende sein wird. Machen Sie sich dabei frei von Druck. Erfahrung und Wandel brauchen Zeit. Diese wird heute einer Entwicklung zu wenig eingeräumt durch unsere Sofort-Alles-Jetzt-Mentalität. Wir berauben uns mit dieser Ungeduld unglaublich vieler Möglichkeiten, schaden unserer Weiterentwicklung und machen unser Leben dadurch ärmer. Ich kann Sie nur ermuntern, wecken Sie wieder das Kind in sich, das diese natürliche Neugierde und Freude hatte, über Veränderungen Neues zu entdecken.

- Es gibt zwei Arten von Veränderungen: eine aktive und eine passive. Machen Sie sich das bewusst.
- Halten Sie, gerade vor dem Hintergrund der Möglichkeit von passiven auf Sie einwirkenden Ereignissen zeitweilig inne und reflektieren Sie Ihre Optionen.
- Machen Sie sich bewusst, dass Veränderungen ein Teil des Lebens sind.
- Auch wenn Veränderungen zunächst schmerzen, seien Sie dennoch offen dafür.
- Bewegen Sie sich ab und an gezielt aus Ihrer Komfortzone – seien Sie mutig!
- Durchbrechen Sie alte Denkmuster und bleiben Sie neugierig auf Neues.
- Begreifen Sie Niederlagen und Rückschläge als Chance. Es ist ein Lernprozess, um neue Wege zu gehen und Dinge besser zu machen.
- Akzeptieren Sie eine Veränderung, wenn diese eingetreten ist.
- Freuen Sie sich über neue Erfahrungen und ziehen Sie Nutzen aus den gewonnen Erkenntnissen.
- Geben Sie sich Zeit, damit sich der Wandel vollziehen kann – Erfahrung braucht Zeit!
- Veränderungen ermöglichen Chancen auf dem Weg zum Horizont. Deshalb: bleiben Sie in Bewegung.
- Versuchen Sie nicht, andere Menschen zu verändern – das wird Ihnen nicht gelingen. Arbeiten Sie dafür an sich!

Kapitel 7

Erfolg: Oft missverstanden

Erfolg hat einen Zwilling: den Misserfolg. Das Scheitern, um letztlich erfolgreich zu sein, gehört dazu. Dieser entscheidende Punkt, der uns weiterbringt, der dazu führen sollte, zu lernen, unseren Weg zu optimieren, wird vielfach ausgeblendet. Es passt nicht zum Bild, was uns häufig durch Bücher, TV-Shows oder Medien allgemein vermittelt wird. Erfolg bedeutet Sieg, Stärke und die Vollendung von Glück. Negative Aspekte oder Fehlschläge gehören nicht dazu.

Den Skisport hatte ich nie aufgegeben, ebenso wie in die Berge zu gehen. Nun mache ich das eben auf eine andere Art und Weise. Entweder bin ich mit dem Handbike unterwegs oder mit dem Monoski. 2015 hatte ich ein sehr erfolgreiches Jahr im Skifahren. Ich bin Teilnehmer der International Paralympic Committee Alpine Skiing-Races (IPCAS). Das sind Punkterennen auf FIS-Niveau, also ähnlich dem Skiweltcup. Mein intensives Training hat sich ausgezahlt. Neben wertvollen Punkten für die Gesamtwertung erfuhr ich mir unter anderem die Qualifikation für den Weltcup im Slalom und Riesenslalom sowie Plätze auf dem Podest. Dennoch liegen Erfolg und Misserfolg ganz eng beisammen. Im März 2016, zum Saisonende, musste ich einen Rückschlag hinnehmen. Im letzten Rennen wollte ich noch einmal alles geben, aber ich stürzte und alle Bemühungen, ganz weit oben mitzufahren, rückten von einem Moment auf den anderen wieder in weite Ferne. Bei dem Unfall brach ich mir die Schulter und ein Nerv wurde eingeklemmt, sodass auch die Finger in der rechten Hand in Mitleidenschaft gezogen wurden. Was folgte, waren Operationen, eine Reha und Aufbautrainings. Das zog sich bis in den Spätherbst 2016 hin, wo die Rennsaison wieder startete.

Aus dem Bergsport kannte ich das schon – abgesehen von meinem schicksalsträchtigen Unfall. Oft haben meine Freunde und ich uns Routen ausgeguckt, auf die Besteigung hintrainiert und uns mental vorbereitet. Dann kam der Tag, an dem es losgehen sollte. Doch während des Kletterns schlug das Wetter manchmal um oder einige Passagen waren so vereist, dass eine Fortsetzung der Tour einfach unverantwortlich gewesen wäre. Das Ziel haben wir dann nicht erreicht. Und obwohl sich der Abbruch vieler Touren im Nachhinein als das einzig Richtige erwiesen hatte, obwohl ich in meinem Leben schon viel Schlimmeres einstecken musste, gebe ich zu: Mein unfallbedingtes Ausscheiden beim Weltcup war für mich wieder eine schmerzhafte Niederlage, die ich erst einmal verkraften musste.

Was ich damit sagen will: Erfolg ist für uns Menschen wichtig. Das steht außer Frage. Er bestätigt uns und unser Handeln. Erfolg bringt uns weiter, motiviert, Grenzen zu verschieben und Neues auszuprobieren und gibt uns Selbstvertrauen. Ich habe jedoch festgestellt: Erfolg definiert jeder für sich anders. Wissen Sie, was Erfolg ist? Reflektieren Sie ruhig einen Moment, denn so banal ist die Frage nicht. Wie definieren Sie Erfolg? Was macht Erfolg für Sie aus? Ohne Ihre persönliche Situation zu kennen, weiß ich, dass ich auf diese Fragen unendlich viele verschiedene Antworten erhalten werde, da jeder Mensch ganz individuelle Erfahrungen zu diesem Thema gemacht hat. Was für den einen gerade einmal den Startpunkt eines Weges markiert, kann für einen anderen bereits das Ziel und damit ein großer Erfolg sein.

Jeder Mensch sucht insgeheim nach einer gewissen Daseinsberechtigung – dem Sinn des Lebens, wenn man es so beschreiben möchte. Erfolg gibt uns ein Feedback auf unser Handeln. Bei einem Schüler kann sich das durch eine gute Schulnote ausdrücken, bei einem Fußballspieler ist es das Tor, jemand anderes findet seine Erfüllung durch den Bau einer Modelleisenbahn und für andere ist die Genesung nach langer Krankheit ebenso ein Erfolg. Es ist jedoch wenig hilfreich, nur in einer Sache ausgezeichnet zu sein. Die Kunst besteht für mich darin, eine gewisse Harmonie zwischen allen Bereichen des Lebens wie Gesundheit, Familie, Beruf oder Sport herzustellen und den positiven Spirit aus dem einen Feld in das andere mitzunehmen. Oder anders gesagt: Ein großes Glück kann ein großes Unglück nicht kompensieren.

Ein Manager mag beruflich Erfolge verzeichnen, wenn jedoch sein Privatleben aus den Fugen geraten ist, so wird er sich auf längere Sicht nicht wirklich an seinen beruflichen Höhepunkten erfreuen können. Genauso wenig wie es jemandem langfristig etwas bringt, wenn das Familienleben einen Erfolg darstellt, derjenige aber im Beruflichen eine Pfeife ist. Dauerhaft wird der Misserfolg auf der einen Seite den Erfolg auf der anderen beeinträchtigen. Die Balance ist gestört und das wird in der Regel durch irgendetwas kompensiert. Meist ist es das Gebiet, in dem man erfolgreich ist. Die Gefahr in der Kompensation besteht jedoch darin, genau diese Sache mit Verbissenheit zu betreiben. Der Spaß und die Lockerheit gehen verloren, man verkrampft und irgendwann schleichen sich erste Fehler ein. Es ist schließlich nur eine Frage der Zeit, wann sich hier Niederlagen abzeichnen. Eine Spirale beginnt sich zu drehen.

Der Dalai Lama sagt: „Der Mensch strebt nach dem Glück und möchte weit weg vom Schmerz sein." Dieser Aussage kann ich nur beipflichten. Denn was Glück bedeutet, definiert jeder anders. Wer beispielsweise ein gesichertes Einkommen hat und ein eigenes Haus, kann sich anderen Zielen und Herausforderungen widmen als jemand, der sich mit Gelegenheitsjobs durchschlägt und jeden Monat darum kämpfen muss, seine Miete bezahlen zu können.

Um Ziele anzustreben, muss man sich jedoch reflektieren – achtsam sein, um zurück zum Ursprung der Bedürfnisse zu gelangen. Das bedeutet mit sich respektvoll umzugehen und sich ernsthaft die Frage zu stellen, ob man das, was man gerade anstrebt, wirklich zu seinem Glück braucht oder handelt es sich um einen flüchtigen Impuls? Kann die Frage aufrichtig beantwortet werden, so reduziert sich das Risiko, sich auf etwas zu versteifen, was am Ende unglücklich macht und somit Misserfolgen Vorschub leistet.

Wir sind umgeben von einer informationsüberfluteten Medienlandschaft. Ständig tauchen Schlagzeilen oder Berichte auf, die sich mit dem Thema Glück befassen. Darin wird erklärt, was wir zum ultimativen Glück brauchen. Das fängt mit der Werbung für ein neues iPhone an, geht über TV-Sendungen wie „Die Geissens" und hört noch lange nicht bei Ratgebern zum Finden des Glücks auf. Sicherlich fühlt es sich gut an, wenn man sich beispielsweise ein neues Smartphone kauft. Wir zeigen es unseren Freunden oder der Familie und freuen uns, wenn wir dafür Anerkennung bekommen. Aber erfüllt uns das wirklich? Wie lange hält dieser Moment an? Nach einer gewissen Zeit ist es Alltag. Vergleichen Sie dieses Gefühl mit einem Moment, den jeder von uns auf die eine oder andere Art schon mal erlebt hat. Schließen Sie ruhig dafür kurz die Augen. Stellen Sie sich vor, Sie sitzen entspannt mit Ihrer tollen Frau oder ihrem tollen Mann, Ihren Kindern und vielleicht mit Ihrem Hund in einem einfachen Restaurant beim Abendessen irgendwo am Mittelmeer, die Luft ist noch warm vom Tage her, eine leichte angenehme Brise weht und sie schauen zu, wie die Sonne groß und orangefarben im Meer versinkt. Was empfinden Sie? Ich bin mir sicher, die meisten Menschen sind erfüllt von innerer Zufriedenheit und Glück. Auch dieser Moment ist irgendwann vorbei, aber dieses schöne Gefühl verankert sich viel tiefer als der Moment, in dem man sich ein iPhone kauft. Wenn es einem nicht gut geht, so versuchen Freunde und Familie an Augenblicke wie diesen Sonnenuntergang zu erinnern, um das Gefühl von Freude zu wecken. Ich habe noch nie einen Menschen gehört, der dann sagte: „Erinnere dich mal an den Kauf deines Smartphones!“ Ich stelle mir vor, mein Vater hätte, als ich gerade aus dem Koma erwacht war, statt „Wir gehen jetzt auf die größte Bergtour, die wir je gemacht haben“ gesagt: „Vor uns liegt ein Weg, der an den Kauf unseres Autos erinnert“. Das Schlüsselwort war Bergtour, das so viele Emotionen bei mir freigesetzt hat und immer noch freisetzt.

Solche einfachen, aber prägenden Momente wie ein Sonnenuntergang oder eine Bergtour werden in unserer Gesellschaft, die auf Hochleistung getrimmt ist, oft vergessen. Im Streben nach „größer, höher, weiter“ drehen sich viele Menschen im Kreis. Etliche von ihnen sind echte Workaholics. Der berufliche Erfolg, der dann mit Glück gleichgesetzt wird, wird mit emsigem Ehrgeiz, der schon angesprochenen Verbissenheit, vorangetrieben. Nur: Wenn man ständig am Arbeiten ist, bietet sich kaum eine Gelegenheit, das Geld auszugeben – zu genießen, was man verdient. Oft wird durch einen Impulskauf diese innere Sehnsucht nach dem Glücklichsein kompensiert. Was diesem kurzen Gefühl der Freude fehlt, ist das Nachhaltige. Um diesen flüchtigen Moment der Zufriedenheit, der Selbstbestätigung, erneut zu erleben, muss wieder etwas gekauft werden. In extremen Fällen führt das zur Sucht und das Glück gerät in immer weitere Ferne.

Es ist daher kaum verwunderlich, dass es Menschen gibt – und ihre Zahl nimmt zu, wenn man sich umhört – die aussteigen. Buchstäblich hängen sie von einem Tag auf den anderen ihren gut bezahlten Job an den Nagel, verkaufen ihre große Stadtwohnung, ziehen aufs Land und leben ein völlig anderes Leben als zuvor. Bei vielen dieser Aussteiger geschieht die große Veränderung scheinbar über Nacht, aber in Wirklichkeit ist ein solcher Entschluss immer das Ergebnis eines langen Prozesses. Oft geht dem ein Impuls voraus, was eine Reflexion, die Frage nach dem Sinn, auslöst. Achtsam wird betrachtet, ob das Leben auf der Überholspur einen wirklich ausfüllt, ob Dienstwagen und eigene Sekretärin der Weg zur inneren

Befriedigung sind oder ob ein Downsizing, ein Herunterschalten, nicht vielleicht mehr Lebensqualität bringt.

Ich kenne zwei Fälle, die unterschiedlicher nicht sein könnten und dennoch einen ähnlichen Verlauf haben. Ein Frauenarzt in einer ländlichen Region, der seinen Beruf auf Wunsch seines Vaters ergriffen hatte, konnte sich über mangelnden Zulauf kaum beklagen. Darunter waren viele Privatpatientinnen. Um allen gerecht zu werden, machte er jahrelang Überstunden. Finanziell ging es ihm gut. Er gönnte sich zwei Mal im Jahr einen Urlaub, ansonsten hatte er keine Hobbys außer klassischer Musik. Immer neue Vorschriften und Verordnungen verleideten ihm zunehmend seine Tätigkeit. Zudem litt immer mehr sein Familienleben unter dem Arbeitsdruck, den er sich selbst auferlegt hatte. In einem Urlaub besichtigte er eine Werkstatt, in der Geigen gebaut wurden. Das war der Impuls, über seinen eigentlichen Berufswunsch – Instrumentenbauer – nachzudenken. Irgendwann war es schließlich soweit. Der Frauenarzt schloss nach Absprache mit seiner Familie die Praxis, zog fort und an einem anderen Ort, wo es Geigenbauer gab, fing er eine Lehre an. Heute stellt er seine eigenen Musikinstrumente her und ist nach wie vor glücklich mit seiner Frau zusammen.

Ein anderer Mann war ein gut bezahlter Manager in der Werbebranche. Solange er Single war, gab es für ihn nur die Agentur, seine Kunden und die Arbeit. Gern kokettierte er mit seinem Dienstwagen, den er regelmäßig neu bekam und seinem Büro in exponierter Lage. Seine heimliche Liebe galt jedoch den Bergen. Wann immer er frei hatte, fuhr er dort hin, ob zum Bergsteigen oder Skifahren. Doch dann schlug irgendwann das Schicksal im positiven Sinne zu. Er verliebte sich, heiratete und bekam rasch Kinder. Das Tempo, das er als Single über zehn Jahre in der Agentur gefahren hatte, konnte er nicht mehr halten. Es begann der Spagat zwischen Leistungsanspruch und Familie. Der Druck wurde so groß, dass er mit 47 einen Hörsturz erlitt. Für ihn war das der Fingerzeig, achtsamer zu sein, respektvoll mit sich umzugehen und sich ernsthaft zu fragen, ob das alles diesen hohen Preis der Gesundheit wert ist. Zu dem Zeitpunkt war auch sein Traum, irgendwann in den Bergen zu leben, in weite Ferne gerückt. Seine Frau war es, die ihn ermutigte, seinen Wunsch umzusetzen. Es dauerte kein Jahr, da stand der Lkw der Möbelspedition vor dem Haus und dem Umzug in die Berge stand nichts mehr im Weg. Er arbeitet noch immer in der Werbung, aber sein Anspruch ist nicht mehr „höher, schneller, weiter". Dafür hat seine Lebensqualität in so hohem Maße zugenommen, dass er den Verzicht auf Statussymbole als großen Gewinn empfindet.

Beide Beispiele zeigen, wie sich eine Besinnung auf das Selbst auswirken kann. Gleich, ob ein einzelner Impuls den Ausschlag für das Innehalten gibt oder eine regelmäßige Reflexion – entscheidend ist, was man aus der gewonnenen Erkenntnis macht. Der Gewinn an Lebensqualität gehört mit Sicherheit zum persönlichen Glück, wie auch immer jeder das für sich definiert. Die Umsetzung ist dann dem Erfolg gleichzusetzen. Neue Kräfte entstehen und weitere Ziele können angestrebt werden. Der „Think-Big-Gedanke" führt nur vermeintlich zu „happiness". Nach einer Weile tritt Leere ein. Das bewirkt zudem, dass die Menschen ihrem Glück, ihrem Erfolg und sich selbst keine Zeit mehr geben. Alles muss möglichst sofort passieren, wie ich bereits in Kapitel 5 ausführte. Dabei steckt in dem Wort Erfolg die Komponente Zeit: etwas *er-folgt,* also Handeln wird erst nach einer gewissen Zeit sichtbar.

Mein schwerer Unfall, der mein Leben komplett auf den Kopf gestellt hat und danach der Sturz im Weltcup haben mir vor Augen geführt, dass ganz andere Dinge im Leben von Bedeutung sind. Es sind die Freunde, die Familie und Menschen, die einen auf dem Weg zum Horizont unterstützen, egal wie diese Hilfe aussehen mag. Manchmal ist es nur das Wissen um jemanden, der an einen denkt und einem beiseitesteht. Was hätten meine Eltern groß ausrichten können in der Zeit, als ich im Koma lag und mich zwischen Himmel und Erde bewegte? Allein mit ihrer Anwesenheit gaben sie mir schon ein besonderes Gefühl, das mich motivierte. In der Hektik des Alltags vergessen wir oft, wie wichtig die einfachen Dinge des Lebens sind.

Der Gegenspieler zum Erfolg ist der Rückschlag. Doch Scheitern ist wichtig auf dem Weg zum Erfolg. Diese Erfahrungen machen es erst möglich, dass wir lernen, über uns hinauszuwachsen und den Erfolg schließlich als das zu schätzen, was er ist. Leider ist es im Kontext von „Think Big" so, dass alles ausschließlich auf den finalen Augenblick des Erfolges ausgerichtet ist. Scheitern gilt als uncool. Wer eine Niederlage erfährt, ist ein Loser. Die Erfahrungen, die man während eines Entwicklungsprozesses macht, werden ausgeblendet. Dabei ist die gesamte Evolution eine Geschichte des Scheiterns, der Rückschläge und Lernprozesse. Das ist der Grund, weshalb man von Erfolgsgeschichten der Evolution spricht. Man muss sich nur diesen Umstand bewusst machen, dann bekommt man wieder einen Blick auf das Wesentliche. Über die Veränderung des Blickwinkels lassen sich schließlich wieder Lösungen finden, Optionen öffnen sich und Festgefahrenes bekommt wieder Schwung. Erfolg entsteht aus dem Fluss. Der Mensch lernt sein ganzes Leben. Dieser Prozess ist niemals abgeschlossen. Heute wird das offensichtlicher als zu den Jugendzeiten meiner Eltern. Die Technik hat das Lernen beschleunigt und wirkt sich auch inflationär auf den Erfolg aus. Was heute als Höhepunkt oder „state of the art" angesehen wird, ist morgen schon Vergangenheit. Erfolg sollte vor diesem Hintergrund mehr als Summe eines Ganzen gesehen werden denn als fixer Punkt. Das sind nur Etappen auf dem Weg zum Ziel. Es ist erschreckend zu beobachten, wie viele Menschen sich dem Lernprozess verweigern. Sie behaupten, sie bräuchten nichts mehr zu lernen, denn sie haben genug gelernt. Spätestens, wenn sich Misserfolg einstellt, rächt sich diese Haltung und ein Umdenken ist gefordert. In der Wirtschaft hat diese Einstellung fatale Folgen. Wenn der Erfolg ein Unternehmen verwöhnt und es versäumt wird, in die Zukunft zu denken, sich Misserfolge einstellen und erst dann damit begonnen wird, zu lernen, ist es oft zu spät. Ein bekanntes Beispiel hierfür ist der Kodak-Konzern, einst führend in der analogen Fotografie. Der Erfolg machte blind für die Zukunft, die digitale Fotografie. Obwohl Kodak der Erfinder der Digitalkamera war, ging das Unternehmen in Konkurs. Der Weltkonzern verstand es nicht, seine Markenwerte auf das neue Segment zu transportieren. Ein Umdenken erfolgte erst, als es zu spät war.

Erfolg ist keine gerade Linie, die wie im Koordinatensystem nur nach oben zeigt. Eine Rednerkollegin, die Rennrodlerin und Olympiasiegerin Natalie Geisenberger, beschrieb es einmal sehr treffend: „Erfolg ist keine Tür. Er ist eine Treppe, die aber mal hoch und dann wieder runter geht." Das gilt für das private Leben ebenso wie für die Wirtschaft. Keine Firma kann ständig nur wachsende Zahlen präsentieren. Es wird Phasen der Stagnation und Rezession geben. Das wird gerne mal übersehen. Kurzfristiges Handeln hat sich noch nie auf längere Sicht ausgezahlt. Bezieht man Rückschläge und Lernmomente in seine Überlegungen ein, so ergibt sich automatisch ein mittel- und langfristiges Denken. Auf dieser Basis ist es auch möglich, sich hohe Ziele zu setzen, da man ihnen und auch sich selbst Zeit gibt, sich zu entwickeln.

Ich möchte, dass Sie mich richtig verstehen: Nichts spricht gegen hohe Ziele, herausragende Meilensteine, die man sich setzt. Damals im Krankenhaus, kurz nach dem Aufwachen aus dem Koma, habe ich mir ebenfalls sehr große Ziele gesetzt. Jeder, der meinen Gesundheitszustand sah, wusste, dass sie zu dem Zeitpunkt absolut unrealistisch waren. Diese großen Ziele bergen jedoch einen entscheidenden Punkt in sich. Es ist die Bereitschaft, sich auf den Weg zu machen, um sie zu erreichen. Das wiederum beinhaltet den Faktor Zeit. Wenn ich mich also zu einem großen Ziel aufmache, dann bedingt das eine mittel- oder langfristige Zeitspanne. Vielen Menschen wird erzählt, sie müssten sich nur herausragende Ziele setzen und sich selbst mit „Du schaffst das" motivieren, dann klappt es schon mit dem Happy End. Neben der Zeit, die es dafür braucht, wird hier ein weiterer Aspekt ausgeklammert: Ein Ziel ist immer auch die Erweiterung der eigenen Persönlichkeit. Indem ich ein Ziel anstrebe, verlasse ich den Kreis, in dem ich mich befinde. Die Erfahrungen, die ich auf dem Weg zum Erfolg mache, vergrößern meinen Kreis. Dieser Weg wird mich verändern. Ich habe beobachtet, dass genau diese Veränderung den Menschen Angst bereitet. Das Unbekannte ist ihnen unheimlich. Deswegen bleiben viele nach anfänglichen Versuchen stehen und warten lieber darauf, dass der Erfolg – das Erreichen des Zieles – eines Tages einfach vom Himmel fällt. Doch große Ziele erreicht man nicht über Nacht.

So sind fünf bis zehn Jahre für langfristige berufliche Weiterentwicklung geeignete Planungszeiträume. In dieser Zeit wird so viel geschehen, was man beim Start nicht vorhersehen konnte. Viele Lernschritte werden erfolgen, Nebenwege werden beschritten und Momente der Stagnation werden eintreten, aber irgendwann hat man sein Ziel erreicht. Die Raumfahrt ist die Geschichte von Rückschlägen und Misserfolgen, heißt es. Ich finde dieses Beispiel sehr passend, weil es genau das beinhaltet, was ich meine. Die Landung auf dem Mond war Ende der 1950er Jahre ein Ziel, das für viele utopisch war. Einige wenige glaubten daran. Man experimentierte, analysierte Rückschläge, lernte dazu und probierte es wieder und wieder. 1969 war es dann bekanntermaßen soweit: Neil Armstrong betrat den Mond. Das Erreichen des Ziels markierte den Erfolg nach unzähligen Rückschlägen.

Vortrag Gymnasium am Bötschenberg in Helmstedt, November 2016

Felix im Interview bei München TV Sportarena (2013) nach der erfolgreich absolvierten Transalp

In meinen Vorträgen versuche ich durch ein kleines Schaubild den Verlauf von Erfolg darzustellen. Auf ein Flipchart male ich einen Berg, der 20 Zentimeter groß ist. Daneben zeichne ich einen Berg von 50 Zentimetern Höhe. Dann sage ich: „Stellen Sie sich vor, Sie besteigen den kleinen Berg. Auf dem Gipfel angekommen, sehen Sie den größeren Berg. Auf den wollen Sie auch. Nur: Wie kommen Sie dorthin?" Richtig, es gibt nur einen Weg, um auf den anderen Gipfel zu gelangen: Man muss ins Tal absteigen und wieder aufsteigen. Von Gipfel zu Gipfel geht nicht. Wenn man abgestiegen ist, sich wieder im Tal befindet, dann darf man nicht verzweifeln, wenn man von unten auf den Gipfel schaut. Sicherlich hat man die Erfahrung vom ersten Berg. Man weiß, dass es steinig und steil werden kann, aber man hat auch das schöne Gefühl vom Gipfelsturm in sich, den weiten Blick und den Impuls, sich das nächste Ziel zu suchen. Mit diesen Erfahrungen und Gefühlen ist es schließlich möglich, wieder aufzusteigen und sich auf das neue Ziel zu freuen. Im Tal zu sein ist keine Niederlage. Da können die Emotionen ihren Lauf nehmen. Es ist der Ausgangspunkt für etwas Neues. In diesem Moment sollten wir feiern, uns freuen und nicht runterziehen lassen. Bergsteiger feiern am Gipfel nicht. Man freut sich, dass man oben ist, aber man weiß auch, es liegt noch der Rückweg vor einem. Deswegen wird erst im Tal gejubelt.

Mein Leben bekam erst dann eine Wendung, als ich meinen körperlichen und gesundheitlichen Zustand akzeptierte. Das war mein Tal. Mit dem Akzeptieren habe ich aufgehört dem nachzutrauern, was ich nicht mehr kann. Stattdessen habe ich mich darauf konzentriert, was jetzt möglich ist. Mit diesem Zeitpunkt kamen die Erfolge in mein Leben: die erste Freundin, ein kleinerer, sportlicher Rollstuhl, das erste Mal allein Autofahren oder die erste eigene Wohnung. Der Zeitpunkt, an dem man eine Niederlage akzeptiert, ist eine wunderbare Möglichkeit, das als Chance für etwas Neues zu begreifen. Sicherlich geht das nicht von jetzt auf gleich, da erst der Schmerz überwunden sein muss. Aber dann heißt es nur noch nach vorne blicken. Erfolg ist wichtig. Er motiviert uns, gibt uns Selbstbestätigung und Anerkennung. Jedoch muss uns bewusst sein, dass Misserfolg nicht böse oder schlecht ist. Er gehört zum Erfolg dazu und macht diesen erst möglich, wenn wir Misserfolg als Chance verstehen.

- Erfolg und Misserfolg gehören zusammen.
- Niederlagen als Chance zum Lernen verstehen.
- Entscheidend ist die Akzeptanz von Niederlagen, um den Weg für Neues zu ermöglichen.
- Hohe Ziele ja, aber diese brauchen Zeit.
- Sind Sie bereit für Ihren Erfolg? Das Anstreben von Zielen fördert die Entwicklung der Persönlichkeit.
- Mittel- und langfristig denken und planen. Große Ziele können auch fünf bis zehn Jahre Zeit beanspruchen.
- Erfolg ist keine steile Konstante – Stagnation oder Rezession gehören dazu.
- „Höher, schneller, weiter" führt zum Denken im Hamsterrad, Ziele rücken unter Druck in die Weite.
- Beim Erfolg geht es auch um das Glücklichsein im Sinne von Erfüllung.
- Wahres Glück berührt die Seele. Solche Erfahrungen können als Motivation aktiviert und auf dem Weg zum Erfolg genutzt werden.
- Erfolg besteht aus Akzeptanz, Achtsamkeit, Teamspirit, Zielen, Veränderung.
- Machen Sie das, was Sie sexy macht.
- Erfolg darf auch bewusst gefeiert werden.

Kapitel 8

Chancen verstehen

An jenem Morgen des 17. Januar 2009, als ich vor unserem Haus auf meine Bergkameraden Claudio und Seppi wartete, um mit ihnen eine Eisklettertour zu machen, deutete nichts auf eine dramatische Wendung in meinem Leben hin. Sicherlich machte ich mir Gedanken, ob es eine gute Idee wäre, mit den beiden Kletterern, die im Eisklettern nicht viel Erfahrung hatten, in einen als schwierig geltenden gefrorenen Wasserfall zu steigen. Zwar versprach das Wetter einen schönen Sonnentag, aber am Horizont zeichneten sich Zweifel ab: Die Zusammensetzung des Teams, das verspätete Eintreffen von Claudio und Seppi, der daraus folgende ungünstige Zeitrahmen für eine solche Tour und die angespannte Diskussion im Auto, von der ich in Kapitel 1 schon berichtete – alle diese Anzeichen hätten mich davor warnen sollen, diese Kletterpartie zu unternehmen. Doch ich habe sie ignoriert. Zu groß war der Wunsch, nach den langen Dienstzeiten im Krankenhaus endlich wieder in den Bergen zu sein.

Gute drei Stunden später lag ich nach einem 30 Meter tiefen Sturz in einem vereisten und steinigen Bachbett. Zwar spürte ich keine Schmerzen, aber mir war sofort klar, dass etwas ganz Schreckliches passiert war. Obwohl ich unter Schock stand, nahm ich die inneren Blutungen ganz bewusst wahr und hatte Angst, zu verbluten.

Durch meine Ausbildung als Bergretter und Krankenpfleger konnte ich Claudio genaue Anweisungen geben, was zu tun ist. Als ich den Hubschrauber hörte und dann schließlich als Silhouette am Himmel sah, merkte ich allerdings, wie meine Kräfte schwanden.

Ich riss mich aber nochmals zusammen, damit ich die Arbeit des Notfallarztes Dr. Günter Böcking bestmöglich unterstützen konnte. Als ich mich in sicheren Händen wusste, wurde es für mich eine lange Zeit Nacht und ein langer Weg des Lernens begann.

Ich habe lange darüber nachgedacht, ob ich damals im Bachbett wirklich das war, was man als umsichtig bezeichnen kann, oder vielleicht sogar als achtsam. Was die Analyse meines körperlichen Zustandes dort unten im eisigen Bachbett betraf, mag das vielleicht sogar hinkommen. Ich war immerhin hellwach und konnte das erlernte Notfallmanagement sofort abrufen. Doch den ganzen restlichen Tag über hatte ich mich ablenken lassen. Ich war damals alles andere als achtsam. Meine Gedanken beschäftigten sich mit allen möglichen Sachen, sodass ich nicht sensibel genug war, die ungünstigen Anzeichen für eine solche verantwortungsvolle Kletterpartie richtig zu deuten. Es heißt, eine Bergtour ist erst zu Ende, wenn man wieder heil und gesund am Ausgangspunkt ist. Mit der Tour hatte ich abgeschlossen, als wir unsere Sachen packten und vom Plateau über den Pfad zurück zum Auto gingen. Mein Kopf beschäftigte sich damit, wen ich anrufen könnte, um dem Tag noch einen positiven Touch zu verleihen. Statt mich auf den vor mir liegenden Weg zu konzentrieren, spielte ich mit meinem Handy herum. Ein Moment der völligen Un-Achtsamtkeit führte also zu meinem gravierenden Unfall.

In diesem Buch habe ich meine Gedanken, meine Erfahrungen und meine Sicht zu den Themen Niederlage, Teamspirit, Achtsamkeit, Zielsetzung, Veränderung und Erfolg geschildert. Sicherlich waren mir diese Begriffe auch schon vor meinem Unfall geläufig. Nur die Tiefe, die Tragweite und ihre spezifische Bedeutung erfuhr ich nicht über Nacht – sondern erfasste das alles erst, indem ich mich durch diese lange „Nacht" nach meinem Unfall zurück ins Leben kämpfte. Aus heutiger Sicht weiß ich, es hätte alles anders verlaufen können. Damit meine ich nicht den Unfall an sich.

Der Verlauf meiner Genesung hätte sich nicht so entwickeln müssen, wie er es schließlich tat. Immer wieder stand ich an Gabelungen, an denen ich mich für den einen oder den anderen Weg entscheiden musste. Manchmal entschied ich mich richtig, manchmal auch falsch. Statt einen Schritt vor ging es zwei zurück. Wäre alles optimal verlaufen, könnte ich heute bestimmt wieder auf eigenen Beinen gehen, denn ich bin kein klassischer Querschnittsgelähmter.

Die erste Weiche auf diesem Weg der Rekonvaleszenz nach meinem Unfall war gleichzeitig die größte: Tod oder Leben? Nicht das Schicksal, sondern mein ungebrochener Wille entschied sich für das Leben. Dann kam die nächste Kreuzung mit den Richtungen, entweder nach der Heilung wieder normal gehen zu können oder nicht. Durch zahlreiche Komplikationen wie die Blutvergiftungen, die zu Entzündungen in den Organen und zu schweren, wenn auch letztendlich lebensrettenden Operationen führten, die zweimalige Notwendigkeit, mich über einen längeren Zeitraum künstlich beatmen zu müssen – durch all das ist der Rollstuhl unumgänglich geworden. Zum einen musste mir ein Teil meiner Hüfte entfernt werden und zum anderen fehlt mir die gesamte Bauchmuskulatur bis hoch zum Brustbein aufgrund der Operationen im Magen-Darm-Bereich.

Immer wieder habe ich mich gefragt: Warum habe ich das alles überlebt? Warum bin ich heute da, wo ich bin?

Meine Schilderungen spiegeln nur einen Bruchteil dieses Weges wider. Tatsächlich war es wesentlich dramatischer, als ich es wiedergeben kann und hat gerade in den verschiedenen Phasen des Krankenhausaufenthalts meine Verwandten und Freunde an ihre Grenzen geführt. Die Resilienz, die psychische Widerstandskraft meiner Mutter, die meines Vaters und nicht zuletzt meine eigene wurden immer wieder aufs Neue herausgefordert. Dass ich überhaupt überlebte, habe ich meinen Eltern zu verdanken. Schon innerhalb der ersten Tage wurden meine Eltern auf eine harte Prüfung gestellt. Nach dem Unfall wurden sie informiert, dass ich im Krankenhaus behandelt werde. Das Ausmaß der Verletzungen erfuhren sie erst dort.

Was muss das für sie ein Schock gewesen sein! Ihnen wurde angedeutet, dass es sehr wahrscheinlich ist, dass ich diesen schweren Unfall nicht überleben würde und sie nun Zeit hätten, sich zu verabschieden. Für meine Eltern war das aber keine Option. Trotz dieser enormen seelischen Belastung suchten sie nach Möglichkeiten, meinen Gesundheitszustand zu verbessern. In den folgenden Wochen und Monaten folgte eine schlechte Nachricht auf die nächste. Dennoch gaben beide nie auf. Sie blieben in Bewegung, es gab für sie nur den Weg nach vorne. Ein Stillstand oder die Resignation waren inakzeptabel. Mama und Papa besaßen die Fähigkeit, dem Schicksal zu widerstehen, von der ersten Sekunde an, in der sie die Nachricht bekamen, wie schlecht es um mich steht. Selbst wenn es aussichtslos schien, hielten sie daran fest. Beispielhaft ist dafür die Situation, in der ich kurz vor dem Darmverschluss stand. Es war ein erbarmungsloser Wettlauf mit der Zeit.

Aber meine Mama behielt trotz aller Belastung die Nerven und fing umgehend an, im Internet zu recherchieren. Sie hatte gehört, dass Osteopathie weitaus mehr kann, als nur den Bewegungsapparat zu heilen. Meine Mutter fand heraus, dass Osteopathen auch viszerale – also die inneren Organe betreffende – Behandlungen durchführen. Um schnell etwas in die Wege zu leiten, ging sie in die Apotheke, in der sie regelmäßig unterstützende Präparate für mich kaufte. Die Mitarbeiter kannten meinen Fall. Meine Mutter fragte, ob sie zufällig einen Osteopathen kennen würden, der umgehend mit ins Krankenhaus kommen könnte, um den Darmverschluss zu verhindern. Ihr wurde die Osteopathin Anja Trietz empfohlen.

Sie ist eine der vielen entscheidenden Schlüsselpersonen, die für mich wieder eine Weiche zurück ins Leben stellten.

Ausschlaggebend für diesen ungewöhnlichen Schritt, dafür, dass meine Mutter wiederholt nach Optionen suchte, war eine erneute, drohende Niederlage: Mein möglicher Tod aufgrund eines Darmverschlusses – und das nach all den Kämpfen um mein Leben, die sie bis dato schon hinter sich hatte.

Wie viel die Begriffe Niederlage, Team, Achtsamkeit, Zielsetzung, Veränderung und Erfolg miteinander zu tun haben, wurde an diesem Wendepunkt noch einmal deutlich. Das Team sind die Ärzte, meine Eltern, die Mitarbeiter der Apotheke und schließlich die Osteopathin Anja Trietz. Die Zielsetzung lautet wie bei der Einlieferung ins Krankenhaus: Felix lebt weiter! Die Achtsamkeit ermöglichte es mir und meiner Familie, neue Optionen zu finden. Es war der Mut zur Veränderung, der schließlich dann auch zum Erfolg führte. Voraussetzung dafür aber war die Akzeptanz.

Mit Akzeptanz meine ich aber keinesfalls: „Na gut, dann ist es eben so, wie es ist" – also kein Hinnehmen. Im Gegenteil: Akzeptanz ist die Annahme des Problems und die intensive Auseinandersetzung damit. Übertragen auf alle Bereiche des Lebens – gleich ob privater oder geschäftlicher Natur – heißt das: Lass deinen Horizont offen und sei bereit, neue Optionen zuzulassen. Ob du aus deiner Situation, dem Problem, vor dem du stehst, eine Niederlage machst oder eine Chance darin siehst – es ist deine Entscheidung.

Durch mein Scheitern, sprich den Unfall mit seinen zahlreichen Folgen und durch die Akzeptanz all dessen, was daraus folgte, habe ich ein neues Leben. Für viele Menschen klingt das befremdlich, aber ich möchte dieses neue Leben nicht mehr missen. Ich liebe es und möchte kein anderes Leben. Es ist besser als mein altes.

Heute führe ich wieder ein normales Leben, so wie viele andere auch. Ich habe mich selbstständig gemacht und habe ein eigenes Unternehmen. Ich biete Motivationstrainings und Reden über meine Kernthemen an. Mittlerweile bin ich jede Woche unterwegs, um Vorträge zu halten. Darunter sind Verpflichtungen für Schulen, Ausbildungsinstitutionen, Wirtschaftsverbände und natürlich Unternehmen aus den unterschiedlichsten Branchen. Daneben studierte ich erfolgreich Sportmarketing. Als Coach begleite ich Leistungssportler mit mentalen Trainings und unterstütze sie mit Marketingmanagement. Auch Leistungssport treibe ich natürlich weiterhin. Im Sommer trainiere ich mit meinem Handbike, nehme an Wettkämpfen teil oder teste Off-Road-Parcours. Im Winter fahre ich Monoski. Mein Ziel ist es, mich für die Paralympics zu qualifizieren.

Privat sieht mein Leben genauso aus wie das von vielen anderen auch. Ich habe eine Freundin, die ein echter Partner ist und mir fest zur Seite steht. Wir fahren gemeinsam oder mit der ganzen Familie in den Urlaub und haben Pläne. Vielleicht werden wir Kinder haben, was ich mir wünsche. Auf jeden Fall baue ich demnächst ein Haus. Ich habe keine Ahnung, wo ich in 20 Jahren stehe oder was ich dann sein werde, aber ich freue mich sehr auf jede Weiterentwicklung meiner Persönlichkeit.

Erfahrungen im Scheitern, Veränderungen, die Tatsache, dass ich geistig und auch körperlich immer in Bewegung geblieben bin und immer nach vorne geblickt habe, haben mich erkennen lassen, dass ich mein heutiges Leben nicht umtauschen möchte. Während ich dieses Buch geschrieben habe, ist mir das noch bewusster geworden. Früher half ich als Bergretter dabei, Menschen nach einem Unfall ins Tal hinunterzubringen – heute helfe ich ihnen, ihren individuellen Berg zu erklimmen.

Während der Zeit im Krankenhaus führten meine Mama und mein Papa ein Tagebuch. Beide hielten darin alles fest, was auf diesem langen Weg geschah. Dieses wundervolle Buch schenkten sie mir, als alles überstanden war. Es beginnt mit einer Widmung:

„Es gibt einen Weg, den niemand kennt, wenn du ihn nicht gehst."

Das spornt mich an, diesen Weg in Richtung Horizont weiter zu gehen.

Ankunft in Riva del Garda, Zielpunkt der Alpenüberquerung (2013)

Mit seinen Eltern Manfred und Sabine bei der Ankunft Transalp in Riva

Danksagung

Auf meinem Weg haben mich viele Menschen begleitet. Ihnen verdanke ich viel Zuspruch, Unterstützung, Mut, Zuversicht und Hilfe. Das gilt auch für die Ermutigung, dieses Buch zu schreiben. Viele Erinnerungen kamen wieder hoch, wurden mir bewusst und lebendig. Ich danke euch aus tiefstem Herzen:

Meiner Mutter Sabine und Vater Manfred
Meiner Schwester Evi
Oma Hannelore und Opa Peter
Meinen verstorbenen Großeltern Paula und Walter
Onkel Thomas und Tante Brigitte mit Amelie
Tante Waltraud und Onkel Dieter
Meiner Freundin Christina mit ihrer ganzen Familie

Ebenso möchte ich meinen Freunden danken, die mich im Krankenhaus und in meinem bisherigen Leben begleitet haben:

Gregor und Sophie, Stefendi, Stephi, Michl, Kathi, Flo, Basti, David, Ralph, Sebi, Stefan B., Jakob, Mathias K., Philipp, Uli Pickl, Hartmut Pfannmüller, Dennis, Sonja, Christine T. mit Familie, Florian F., Chris und Sonja, Dietmar und Andrea, Melva und ihrer Mutter, der gesamten Bergwacht Füssen, dem TSV Hopferau-Eisenberg, dem Gymnasium Hohenschwangau, dem Faschingsverein Schwangau, und allen Menschen die ehrenamtlich Blut spenden. Ohne diese hätte ich nicht überleben können, denn ich benötigte über 800 Bluttransfusionen. Und natürlich danke ich ebenso allen anderen, die mich in irgendeiner Form auf meinem Weg begleitet, unterstützt und gefördert haben. Dazu gehören:

Ärzte: Dr. Jan Perras, Prof. Dr. Volker Bühren mit dem ganzen Team der BG Unfallklinik Murnau, Dr. Alexander Hofer, Dr. Günter Böcking, Dr. Ernst-Wilhelm Horling, Dr. Markus Hartung, Praxis Prof. Dr. Alois Sellmayer, Dr. Klaus Wenzler, Dr. Hans-Martin Beyer, Dr. Peter Schwarz, Dr. Andreas Feil, Dr. Angelika Lötsch, Oli Zettler

Therapeuten: Anja Trietz, Jeroen Bakker, Walter Kober
Krankenschwestern: Franzi, Adelheid, Alex, Heidi, Maria
Krankenkasse BKK Gildemeister, Nicole Venohr

Ferner gilt mein Dank ebenso dem Team des Projektes Transalp, die diese verrückte Idee zusammen mit mir haben Wirklichkeit werden lassen:

David Unhoch mit Needfulbikes, Firma Sunstar, Christian Kohl mit dem Blutspendedienst des Bayerischen Roten Kreuzes, Schwangauer und Schönegger Käsealm, Berghaus, Herbert Ott mit Nordwandsport, Roman Ott mit Romaski, KM Strategie, Rapunzel Naturkost

Darüber hinaus möchte ich Geschäftspartnern und Förderern danken, mit denen ich viele Projekte realisiert habe:

Jan Schäfer, Michael Hetzer, Hannes Hellmann, Dr. Weinhauer, Georg Götz, Christian Kohl mit dem gesamten Blutspendedienst des Bayerischen Roten Kreuzes, Marein Toplak, Pam Natzeder, Reiner Heuberger, Alexander Berndt, Simon Toplak, Andi Mayr

Abschließend möchte ich noch ganz besonders Heinrich Kürzeder und dem Team seiner Agentur 5 Sterne Redner danken. Während des gesamten Buchprojektes seid ihr mir eine enorme Stütze gewesen und habt für jedes Problem eine Lösung gefunden. Euer stetiger Input und wertvolles Feedback haben mein Buch erst zu dem gemacht, was es heute ist.

Ich freue mich noch auf viele weitere gemeinsame Projekte und vor allem auf viele motivierende Vorträge, die ich dank eurer professionellen Betreuung immer wieder halten darf.